U0331059

『魅力班会课』系列丛书

大夏书系·全国中小学班主任培训用书

Meili Weibanhui

丁如许 主编

魅力微班会

华东师范大学出版社

全国百佳图书出版单位

ECNUP

图书在版编目（CIP）数据

魅力微班会／丁如许主编 . —上海：华东师范大学出版社，2017
ISBN 978 – 7 – 5675 – 6583 – 8

Ⅰ.①魅 ... Ⅱ.①丁 ... Ⅲ.①中小学—班主任工作 ②班会—中小学

Ⅳ.① G635.16 ② G635.5

中国版本图书馆 CIP 数据核字（2017）第 150082 号

大夏书系·全国中小学班主任培训用书·"魅力班会课"系列丛书

魅力微班会

主　　编	丁如许
策划编辑	李永梅
审读编辑	张思扬
封面设计	奇文云海·设计顾问

出版发行　华东师范大学出版社
社　　址　上海市中山北路 3663 号　邮编　200062
网　　址　www.ecnupress.com.cn
电　　话　021－60821666　行政传真　021－62572105
客服电话　021－62865537
邮购电话　021－62869887　地址　上海市中山北路 3663 号华东师范大学校内先锋路口
网　　店　http://hdsdcbs.tmall.com

印 刷 者　北京密兴印刷有限公司
开　　本　700×1000　16 开
插　　页　1
印　　张　12.5
字　　数　180 千字
版　　次　2017 年 8 月第一版
印　　次　2024 年 10 月第八次
印　　数　22 101–23 100
书　　号　ISBN 978 – 7 – 5675 – 6583 – 8/G·10438
定　　价　39.80 元

出 版 人　王 焰

（如发现本版图书有印订质量问题，请寄回本社市场部调换或电话 021-62865537 联系）

目 录

在研究中成长

——一个青年班主任的学习汇报

杨 武[1]

2017 年 1 月，丁如许老师给我发来短信，希望我能够为这本《魅力微班会》写一篇序，我非常惶恐，胆怯地回答丁老师："我恐怕不能胜任。"丁老师说："不要紧，你最近几年成长很快，这本书中有你的文章，也有你工作室其他成员的文章，你们在班会课研究过程中一定有很多故事，你把这些故事分享给大家，就是一篇很好的序了。"

丁老师的鼓励，让我如释重负。我和丁老师，既是师生，又是朋友。丁老师对我，一直都是鼓励。

这几年来，我跟着丁老师学习如何上好班会课，如何打造魅力班会课，收获很多，其间的难忘瞬间，就是一个又一个故事。

从广东飘来的邮件

2016 年 4 月 23 日下午 4 点 45 分，我收到一封邮件，内容如下：

---

[1] 全国中青年教师赛课一等奖获得者，重庆市中青年教师赛课一等奖获得者，重庆市班主任基本功大赛一等奖获得者，重庆市优秀班主任，上海新纪元教育集团学科带头人，上海新纪元教育集团名班主任工作室主持人，参编全国中小学班主任培训指导用书《高中主题教育 28 课》《初中主题教育 36 课》。

杨武老师：

　　您好！今天是世界读书日，一个月前，您给我班学生上了一堂精彩的班会课，我班很多学生居然开始阅读了，有一部分学生还给班上的同学推荐书，并写了一些推荐语，现在发给您，请您过目。谢谢您给我的学生带来了那节精彩的班会课，我相信，很多学生会因为这节课而爱上阅读。

　　　　　　　　　　　　　　罗定邦中学高一（3）班　黄敏芳
　　　　　　　　　　　　　　2016 年 4 月 23 日

　　收到这封邮件，我很惊讶，也有些许自豪。

　　惊讶的是有那么多的学生买了书，写了好书推荐语；惊讶的是那位班主任听取了我的建议，以那节班会课为契机，与学生一起过了一个真正的"世界读书日"；自豪的是班会课的德育功能又一次得到了彰显。

　　事情是这样的：

　　2016 年 3 月 21 日，我应德育报社学术交流与培训中心邀请，前往广东佛山顺德参加第三届全国中小学班会课研讨会，借班上了一节以"阅读"为话题的主题班会课。

　　当时，主办方特意从罗定邦中学借来了一个高中班。学生们和我在课堂上的互动非常精彩，很多学生完全融入了课堂。

　　课后，罗定邦中学校长在交流发言时说，他没有想到这个班的学生在这堂班会课中表现得如此精彩，因为这是高中文理分科后，组建不到一个月的理科班。他当场表态，把我课上推荐的八本书给这个班送五套。我非常高兴，我相信，校长对这个班的赠书一定会镌刻在他们的心里，也一定会对他们产生深远的影响。

　　在接下来的互动交流中，很多老师都为这堂课点赞。

　　我知道，这堂课的背后，有丁老师与我多次交流并修改教案的影子。丁老师还特意从上海来云阳听这节课，从课的总体设计到细节处理，包括课件的制作，都提出了不少中肯的修改建议。

丁老师是一个很严谨的人，对班会课教案的每一个细节都会认真推敲。在跟着丁老师学习的过程中，我不断地发现自己的问题，也不断完善自己的不足，同时，更加明白做一件事情或者写一篇文章，如果多倾注一些心思，定会有别样的收获。

第一篇合格的教案

2013 年 3 月，上海新纪元教育集团丁如许工作室正式成立，我非常荣幸地成为丁老师的弟子。当然，能够成为丁老师的弟子，既是一份难得的荣耀，更是一份沉甸甸的责任，因为我深知，作为丁老师的弟子，必须得真正地学习，真正地努力，真正地成长，才能够对得起拜师仪式上那虔诚的三鞠躬和一颗虔诚求学的心。

2013 年 11 月 16 日，丁老师主编的《初中主题教育 36 课》一书首发仪式借全国第 3 届中小学班会课现场研讨会在江苏常州举行，我的班会课教案《男生女生》收录在了这本书里。当很多朋友向我道喜的时候，我却陷入了深深的沉思。因为我觉得，这是我的第一篇合格的班会课教案，也是一篇来之不易的教案。为了写好这篇教案，我和丁老师通过许多次电话，发过许多次邮件，在上海重庆两地飞来飞去的短信记不清有多少条，丁老师给我提出的建议以及几份修改稿我一直保存在电脑里，因为我明白，这是老师对学生的鞭策，也是长者对晚辈的关爱。后来，我又根据定稿在不同的班级试讲，然后根据上课的情况，逐步完善，以达到真正的示范作用，也便于全国各地的班主任参考和借鉴。当这一切结束以后，我更加深刻地明白：真正的成长，没有捷径！

意料之外、情理之中的收获

原以为，跟着丁老师学习，就只学一些关于班主任管理、班会课设计等专业性的知识，没有想到，和丁老师接触的这些日子里，在收获专业知识的同时，还收获了很多其他东西，有一点出乎意料，当然，我深知这也在情理之中。

参加集团工作室学习，丁老师常跟我们说，他最喜欢的苏霍姆林斯基的名言就是："如果你想让教师的劳动能够给教师带来一些乐趣，使天天上课不至于变成一种单调乏味的义务，那你就应当引导每一位教师走上从事研究这条幸福的道路上来。"丁老师还对"研究"说文解字，"研"，即要有开石的精神，勇往直前；"究"，即要有九九（久久）的定力，心无旁骛，沉迷其中。丁老师将推进、提高我们的研究力作为工作室研修的重点。

丁老师认为提高研究力，必须提高阅读力，要开展读书活动，开阔视野，陶冶情操，增长智慧，引领成长；提高研究力，必须提高思维力，要开展会诊活动，聚焦身边，关注难题，破解密码，思考发展；提高研究力，必须提高写作力，要开展写作训练，读书分享，案例撰写，教案编制，总结交流。抓住阅读力、思维力、写作力三个点，重点开展"三个一"活动，即：认真研读一本书，写一篇读后感；观察思考一个问题，完成一篇工作案例；仔细打磨一节班会课，编制一篇班会课教案。

在丁老师的指导下，我们认真完成"三个一"的作业。每个月，丁老师都会在百忙之中为我们上两次视频课，或许很多人都会认为大师在很多时候都会姗姗来迟，而丁老师却从不这样。他每次都会早早地坐在视频的那头，等着云阳、广元、平阳、瑞安四地学生的出现，这是老师的风范，当然也是我必须学习的一个方面。"身教言传"，丁老师已经给我作了示范。

"细节决定成败"，是我们常常教育学生的言语，但是，很多时候我们自己却做不好。每次视频课，我们几个学生都会分享彼此的案例、教案等，分享结束后，丁老师就会对我们的案例、教案等一一进行点评。每次点评，丁老师不但关注了我们文章的素材、观点、思路、结构等，还关注到了我们文章的标点。我们很多人写文章，分项列举的时候，都习惯性地在数字"1""2""3"后面加"、"，而丁老师纠正了我们的错误用法，他常常会提醒我们，在分项列举的时候，数字"1""2""3"后面应该用"."，而不是"、"。我窃喜，这看似不经意的提醒，却带给了我沉思，一个小小的标点，诠释了做研究的哲理——严谨、细致、深入。

班会的"微时代"

2015年下半年，我们在研讨学习时，丁老师提出了"微班会"的主张，因为很多班主任觉得传统的主题班会课时间太长，准备起来很耗时。当时，丁老师说："我们已进入微时代，我们的班会课也应该与时俱进，要加强'微班会'的研究，用一个故事、一个案例、一个游戏、一段视频等来解决一个小问题或说明一个道理。"

后来，我们在丁老师的指导下开始尝试上好微班会，在这个过程中，丁老师依旧不断地为我们提供金点子，对我们进行指导，果然收到很好的效果。

2016年12月，丁老师主编《魅力微班会》的征稿函正式发出，向全国各地的班主任征稿。同时，一个关于微班会研究的"魅力微班会研究群"也组建了，来自全国各地的班主任在群里面探讨，"微班会在什么场合上？""如何上好微班会？""微班会有哪些基本特点？"……一连串的问题在群里出现、被探讨、被解决。

丁老师的这本《魅力微班会》，给全国各地的班主任搭建了一个很好的平台，大家集思广益，各展其才。我们工作室的成员也积极备课、上课，然后根据自己上课的情况进行修改、调整，形成可以分享的教育故事，希望能够得到全国各地的班主任的认可，供参考和借鉴。

当然，这个过程中，丁老师不知道又耗费了多少心血，为我们提出建议和意见，并字斟句酌地修改。我常想，我们工作室才这么几篇文章就耽搁了丁老师这么多时间，而全国各地那么多文章发到他的邮箱，初选的过程就是一个很大的工程，基本定稿后，还得与作者不断交流，提出修改建议，这又是一个复杂而且烧脑的工程啊！在这里，我想代表我工作室的全体成员真诚地向丁老师道一声："谢谢您！"

学不可以已

近几年，我的一些关于班级管理、关于班会课、关于班主任阅读的文章在《中国教师报》《德育报》《班主任之友》《思想理论教育》等报刊上陆续发表，我也应邀到上海、贵州、四川、浙江、广东等地去作讲座或者上课，在学习的过程中，认识了很多优秀的班主任和有思想的编辑，和他们的交流讨论，是我学习的一个又一个起点。

"雄关漫道真如铁，而今迈步从头越。"有的幸福，可以沉浸一辈子，而有的幸福，在享受片刻后，应该将其静静地珍藏。如果说我这几年的学习算是合格的话，也只能代表着这几年，学习的路还很长，我不能拿着一张临时合格证去应对我以后的学习之路，难道不是吗？

2000 多年前，思想家荀子在《劝学》中写过这样一句话："君子曰：学不可以已。"是的，在研究中成长，在成长中不断研究，我想把这句话送给自己，也送给所有的班主任。

是为序。

2017 年 2 月 14 日书于磐石城下

上出魅力微班会

丁如许

这些年来，教育改革在艰难地跋涉前行。虽然有升学率的重压，虽然有分数第一的影响，但许多学校、老师对德育的关注、对班主任工作的深入研究让我们欣喜。在班主任专业化迅猛发展的壮阔背景下，班会课研究取得了一系列重要成果。比如将班会课作为教师在岗培训的重要内容，开展班会课经验交流研讨，举行班会课技能比赛，出版班会课研究书籍，等等。其中，上出魅力微班会，更成为许多学校、班主任研究的重要话题和积极行动的方向。

一、微班会的发展背景

1. 微时代催生微班会

"知识改变命运，网络改变生活"，人类进入 21 世纪以来，网络信息技术迅速发展。特别是 2008 年以来，微博、微信等新信息技术迅速发展，简明、快速、流畅的交流增进了彼此的交往，改变了许多人的生活方式。微新闻、微讲坛、微电影等许多新事物相伴而生，人们称之为微时代的到来。

社会影响学校。微时代生活方式的改变，也促进学校教育方式的改变，这时微课应运而生。以信息技术为特征的微课，也带动了班会课的改进，诞生了德育微课。初期德育微课通常播放一个视频，然后围绕这一视频，开展讨论、进行教育。实践中，人们认识到德育微课有其特点，但以观看视频为主、重在启迪和感悟的德育微课显然不能满足班主任工作发展的需要。于是，形式更为多样、运用更为灵活、注重问题解决的微班会（微型主题班会的简称）成为许多学校的研究内容，也被许多班主任积极实践。

2. 班主任工作呼唤微班会

如今的学校事务繁多，班主任作为学校的中坚力量，承担着越来越多的工作事务。人们常说，"（学校工作）千条线，万条线，最后落到班主任一条线上"。班主任面对繁重的事务，有人应付，有人逃避，也有人直面挑战。

越来越多的班主任认识到，要做好千头万绪的班主任工作，首先要找到规律，掌握主动。上好班会课，成为每个班主任的必修课，成为优秀班主任的必胜招。班级例会重在事务处理，主题班会重在感悟成长。但传统的主题班会，准备时间长，实施时间长，还可能由于"过分准备"，导致效果备受质疑。形式主义、性价比不高，成为许多班主任对普通主题班会的诟病所在。这时出现的微班会引起了许多班主任的关注，因其"短""快""小""灵"的特点，让许多班主任情有独钟。特别是微班会与班级例会、与主题班会的组合运用使班会课呈现更大的实效性，有着迅猛发展的良好势头。

二、微班会的基本特点

微班会一般具有以下特点：

1. 短：时间简短，力求高效

微班会，顾名思义，微，首先表现为时间短。时间长度一般为10分钟。明确将微班会的时间定位为10分钟，是我的重要主张。我作这样的类比：高考作文常有大作文、小作文两类考题，大作文要求800字，小作文要求200字。小作文字数为大作文的1/4。普通主题班会40分钟，微班会 10 分钟。微班会时间为普通主题班会的 1/4。

10 分钟的时间，使微班会显得短小精悍，符合现代生活的快节奏，符合许多学生 10 分钟内注意力高度集中的心理特点。这就要求师生精心设计，让时间的有效利用最优化。本书所选课例基本为 10 分钟，也是想用事实证明这是完全可以做得到、做得好的。

2. 快：应变及时，快速行动

主题的确定首先是根据班情。老师、学生要注意观察班级存在哪些问题，发现问题及时提出，及时处理。还可根据学校工作的布置，班主任因"时"（时局）而动，迅速落实学校的工作要求。

3. 小：话题小微，聚焦明确

由于时间的限制，微班会常常选择小微话题，一事一议，如学生的日常表现，多选择教室卫生、课堂纪律、课间安全、同学相处、与家长的关系等话题。但与班主任的日常随机教育比，微班会有明确的主题，形式比较巧妙，交流比较深入，效果也显得扎实。当然微班会有时也会有心理健康教育、理想教育等大话题，但常常表现为长话短说、一点深入的特点。

4. 灵：方法多样，灵活易行

由于时间、话题等限制，微班会要取得良好的效果，在班会课的形式上要多动脑筋。观看视频、讲述故事、开展活动、分享照片、运用比喻、进行对话，是常用的有效方法。

灵活还表现在实施的时间上，微班会多在班会课进行，与班级例会相辅相成。也可在晨会、午会、夕会、自修课进行。

有班主任在自己任教的学科课上推进。对此我不赞同，因为学科课有学科课的教学内容和要求，我们不主张班会课占用学科课的时间。而利用学科课进行德育渗透，严格意义上不属于微班会。

当然特殊情况特殊处理。本书收录的《生命的印记》一课，是在学生发生"自残"的特殊情况下，班主任即时处理的一节微班会课。

三、微班会选题的两大关注

微班会的具体选题表现为两大关注：

1. 关注身边的问题

发现身边存在的问题，及时讨论，及时处理，是微班会选题的显著特点。本书中许多课例充分体现了这一特点。比如《未见真，勿轻言》《谁赢了》《小纸条的秘密》《生命的印记》《爱的责任》等，都是发现问题，快速处理。这种"短、平、快"的即时反应，把问题解决于萌芽状态，有利于日常管理，有利于良好班风的形成，有利于班集体的建设。

2. 关注发展的需要

除了根据班级问题确定选题外，班主任还要根据党和国家的教育方针，根据社会发展的需要，根据学生成长的需要，结合班情确定选题。本书收录的《同学相处话分寸》《学会拒绝，快乐生活》《香樟苍翠，玉兰盛开》《突破思维的墙》《不要让爱情的小船说翻就翻》《段慧的演讲》等体现了这一特点。这样的微班会着眼于学生发展的需要，更助于落实"立德树人"的责任担当。

四、微班会的常用方法

结合实践，我们总结、概括出上好微班会的六个常用方法：

1. 观看视频，交流心中感受

微时代网上视频丰富。视频集图像、文字、声音于一体，丰富的画面、精炼的文字、生动的声音，多种刺激使学生的大脑处于兴奋状态，具有信息量大、印象深刻、用时短暂的特点。

班主任要善于从网上下载视频，下载时要选择清晰度高的视频材料，有时要作必要的剪辑，使时间更紧凑，话题更突出。本书中《鹬》《学给爸妈做次饭》《这群鸭子》《微笑的力量》《再一次》等都巧妙地利用网上视频，成功地开展了教育。特别是《这群鸭子》的作者上课使用视频时，巧用暂停，询问问题，设置悬念，引发关注，这样的做法值得借鉴。

自拍视频，也是可取的方法。经验告诉我们，自拍视频时，应注意多拍特写镜头、近镜头。本书中《课间安全进行时》的作者自拍学生课间活动的视频就引起了学生的关注，《回忆的相册》的作者将班级活动照片制作成视频，增强了表达的效果。

2. 讲述故事，领悟其中道理

故事是岁月的沉淀，是智慧的结晶。班主任应成为故事大王，利用故事开展教育。

讲故事，要善于讲哲理故事，许多寓言故事、民间传说、童话故事，生动有趣，蕴含哲理，发人深思，比如《拔苗助长》《龟兔赛跑》《五指争功》等等，但时代在发展，故事在变化，本书特意收录了《新龟兔赛跑的故事》，希望给大家以启发。

讲故事，还要善于讲人生故事。名人的故事、同学的故事、老师的故事，都应该娓娓道来。《她，就是我们的好榜样》《品尝褚橙》都值得借鉴。我还特别主张班主任多讲自己的成长故事。一是学生非常关注班主任的"私密"故事，可以增强影响力；二是也有助于班主任有意加强自身的修炼。

3. 开展活动，分享活动体验

活动是学生最喜闻乐见的。精心设计的活动，学生积极参与其中，必然有直接的体验，有深刻的感悟。人们常说，小活动，大德育。微班会活动的特点应是简便易行，操作性强。本书收录的《同舟共济》《三脱外衣》《十秒拍手》《艰难的抉择》《软吸管与硬土豆》《一滴水的幸福》《生日的祝福》等开展的活动都使学生有所体验，引发思考。

由于时间和场地的关系，微班会的活动设计更关注细节。《同舟共济》一课将"舟"设计为尼龙袋，耐磨耐踩，不像有的老师同类活动设计为报纸，结果一上去，报纸就踩烂了，活动也无法进行了。

4. 分享照片，开展师生对话

相比于视频，照片同样直观、形象，但操作更为方便。因此，上好微班会，班主任应善于用好照片。

照片首先来自网络。微时代网上有海量照片，班主任要做个有心人，发现好的照片，及时下载，或根据需要有意搜索。下载或搜索时，要选择画面清晰的照片。有时照片清晰度不高，通常我们会想到用 ps 锐化提升清晰度，但此时如果能搜索出同主题的高清照片，效果会好很多。

照片还可以自拍。现在手机普及，"随手拍"非常方便。而且随手拍的照片时效性、针对性会更强。

本书中《请让我自己来》《一张照片》《收获习惯》《人生努力更美好》等在运用照片上，各有特点，值得分享。

5. 运用比喻，迁移生活智慧

生活中，人们喜欢用比喻来说理，生动的比喻可以形象地表达事物的特点，给人留下深刻的印象，可以在说理时变抽象为具体，变繁复为简单。微班会上，因为时间短暂，班主任如果善用比喻，就可以收到启迪智慧、打开思路的效果。本书中《小魔方》《杯子·回形针·订书针》《一块海绵》等课例借助于物，生动喻示学生要珍惜时间，把握机会，努力学习。

6. 进行对话，影响全班同学

在班主任工作中，对话是师生交流的重要方法。微班会，班主任更要善于对话。针对某一话题，明确地、真诚地表达自己的观点，与学生交流，引导学生。

微班会时间有限，但古人即有"微言大义"的主张。话不在多，而在是否在理，是否说到点子上，是否走进孩子的内心。采取对话的方式，有交流，有倾听，有指点，有要求。对话时班主任或历数往事，评点得失；或逐步演绎，晓以利害；或换位思考，将心比心；或热情寄语，激励前行。可柔声细语，可激情张扬。本书中的《今天，你是吃瓜群众吗》《撞人游戏》《黑暗中的体验》《爱的责任》等都可以借鉴。特别是《黑暗中的体验》一课，作者在突发停电的情况下，临乱不慌，与学生娓娓而谈，犹如明灯照亮黑暗，收到了真情对话的好效果。

实践中，以上方法可以单独运用，也可以综合运用。特别是真情对话，经常与其他方法结合运用。

五、怎样上出魅力微班会

基于上文，我们对微班会的特点、如何选题、如何推进，有了较多的了解。但是，怎样上出魅力微班会，是许多学校、班主任探索、关注的话题。答案可以从不同角度探寻，我的思考是：

1. 班主任的倾情投入，使微班会展现魅力

还是想先说说学科教学，在学科教学中，各个任课老师的课堂是不一样的，有的平庸，有的精彩。究其原因，有的老师应付，有的老师投入。同样的道理，微班会要有魅力，班主任必须倾情投入。本书特意邀请一位年轻的优秀班主任杨武老师写序，就是想用他的成长故事和全国的班主任分享，积极投入是多么的重要。

其实在本书的编写过程中，我也强烈感受到班主任的投入与成功之间的关系。我们是 2016 年 12 月 1 日发出征稿函，预告征稿将在 2017 年 1 月 30 日截止。短短的两个月，征稿能否达到预期目标呢？我通过讲课、会议、网络发布信息。令我欣喜的是，稿件纷至沓来。这说明许多老师早就在思考，在实践。我问山东的一位作者是怎么知道征稿消息的。他说他一直关注我的博客，一直在进行班会课的研究。一见征稿消息，便积极投稿。"一直"生动说明投入的程度。

更令我感动的是，1 月 23 日，我已去斯里兰卡旅游，但心里牵挂着征稿，于是带着电脑出发。借助互联网，我与老师们"天涯若比邻"。开始的行程也不紧张，斯里兰卡又与中国时差两个半小时，我便在每天清晨与夜晚，仔细看稿。精彩的文章成了我旅途中又一美丽的风景，好几

篇文章就是在旅途中选定的。

1月26日，我到了被称之为"小马尔代夫"的亭可马里，那天正巧安排为自由活动。不再欣赏蓝天、大海，不再眷念白云、椰树，因为西安的一位小学老师深深感动了我。通过微信她告诉我，当时是"守在电脑旁"一字一句修改的。我知道，那天正是中国的小年夜，西安其时的风是寒冷的，而新春将至，家里更有许多事，但为了能早日定稿，她全身心地投入。我知道还有许多老师认真上课，许多老师认真改稿。这位老师是大家的缩影。

2017年1月30日午夜，我如期公布了入选篇目。正是在大家的全力投入下，我们一起创造了我主编书的新纪录，短短60天，60篇佳作顺利集结。

2. 工作室的深入研究，使微班会更添风采

风华正茂的杨武老师在序中还谈到他参加了班主任工作室的研究。在本书编写过程中，我也强烈感受到，近年来，风起云涌的班主任工作室对班主任队伍建设的重大贡献，对中国班主任学建设的重大贡献，也包含了对班会课、对微班会研究的重大贡献。

如前所述，本书的征稿是通过讲课、会议、网络等多种形式发布。没有行政命令，无需再三动员，响应最积极的就是各地的班主任工作室。请让我记下那一个个熟悉又亲切的名称：上海新纪元教育集团丁如许工作室、上海新纪元教育集团名班主任工作室、河南省济源第一中学"8+1"班主任工作室、云南省昆明市滇池度假区石梦媛名班主任工作室、四川省德阳市王星名师工作室、浙江省杭州市拱宸桥小学金蓓蕾班主任工作室和上海市奉贤区古华中学班主任工作室。它们为本书作出了巨大的努力。

这些班主任工作室为上出魅力微班会，多次开课、研课，进行了专题研究，多个工作室还汇编了课例选。其中昆明滇池度假区石梦媛名班主任工作室就提供了18篇精彩课例，让我难以忘怀。而我的老朋友济源第一中学"8+1"班主任工作室的秦望、杨兵（现任教于陕西师范大学附属中学）、刘强一如既往，积极投稿，实现了再次三聚首[上次是《魅力

班会课》（高中卷）征稿时，三人文章一齐入选］，也将传为佳话。

在魅力微班会研究群中，老师们经常进行讨论。非常难忘的是，王星名师工作室领衔人王星特意对我们提供的样稿进行条分缕析的点评，有效推进了微班会的深入研究。

许多学校也给予了大力的支持。湖北省宜昌市宝塔河小学曾凡琴副校长不仅组织学校老师写作，给我们推荐了好几篇佳作，而且身体力行，上了微班会的"下水课"。西安交大阳光中学王甲副校长在学校积极推进德育微课研究，该校的德育微课是列入课表的，每天下午1节，还特意推荐佳作，鼓励老师认真修改。山西省平遥现代工程技术学校孔庆生主任一直重视班会课研究，这次他的学校有5篇文章入选。他告诉我，还要组建学校班主任工作室，进一步加强班主任工作的研究。

在本书编写过程中，重庆外国语学校冉启兵主任、西安长安第二中学刘红梅主任、大连教育学院职教中心任重老师、大连轻工业学校刘晓敏书记、陕西师范大学万科小学吴海峰副校长，还有许多的学校领导、老师都给予了大力的支持，借此一并表示衷心的感谢。

要回答怎样上出魅力微班会，我想，最好的答案还在于更多学校、更多班主任的实践。

魅力微班会，短而高效，微而有为；魅力微班会，着眼发展，微而不微。《魅力微班会》将以故事汇的形式加入华东师范大学出版社着力打造的"魅力班会课"系列丛书，与《打造魅力班会课》（"方法论"）、《魅力班会课》（小学卷、初中卷、高中卷）（"案例卷"）、《班会课100问》（"对策集"），以及《小学主题教育36课》《初中主题教育36课》《高中主题教育28课》（"教案选"）形成丰硕的班会课研究成果，为全国各地班主任的专业成长提供有力支撑。

衷心希望这本书的出版，能有助于分享智慧，使一线班主任上出更多更好的微班会，谱写出更多更精彩的教育篇章！

2017 年 5 月 18 日

1. 请让我自己来

新接一年级，开学一段时间后，我发现不少学生很多事情都由家长一手包办。对于自己的事情由家长做，他们觉得心安理得。可这样会影响他们的成长。为了培养学生的自立意识，于是有了这次微班会。

班会课上，我问同学们："孩子们，你们想听故事吗？老师给你们带来一个故事。"

"想听！"学生兴趣盎然。

"一天，阳光明媚，鸭妈妈带小鸭到小溪边玩。小鸭看到小溪里的水清清的，小鱼快活地在小溪里游来游去，于是小鸭对鸭妈妈说：'妈妈，您带我去游泳好吗？'鸭妈妈想了想说：'小溪的水不深，自己去游吧。'小鸭听了妈妈的话，自己到小溪里游泳，经过努力，没过几天就学会了游泳。"

故事很快讲完后，我问大家："同学们，小鸭经过自己的努力学会了游泳，你们在平常的生活中都学会了什么？"

这时候很多学生举起了小手，有的说："我会帮妈妈扫地。"有的说："我会洗碗。"还有的说："我会自己整理书包。"……

"看来同学们会做的事还真不少。但老师这里有两张照片，想请同学们看一看。"在孩子们侃侃而谈之后，我把在上学途中、校门口拍的两张照片用大屏幕投放出来。

一张照片：校门口，一位奶奶正帮助要进校园的孙子背上书包。另一张照片：路边，一位代孩子背着书包的母亲喂要上学的儿子吃早点。

我问："照片中的奶奶、妈妈在做什么？"

思怡说："奶奶正把书包给要进学校的学生。"欣萌说："妈妈在喂这个小孩吃早点。"

我紧接着问："自己背书包、自己吃早点，他们会吗？"

孩子们异口同声地回答："会。"

于是我追问原因："是呀，这些事他们都会，妈妈和奶奶为什么不让他们自己做？"

东恒说："奶奶怕他背书包太重。"

鹏瑞说："大人认为我们太小，什么事也做不好。"

熠昊说："可能是孩子觉得书包太重，不想自己背书包。"

……

这时我现场作了一个小调查："同学们，上学路上，谁是自己背着书包的请举手。"

这时班上只有几个孩子把手举起来。我继续问："上课时老师给你们讲了小鸭学游泳的故事，小鸭为什么能学会游泳？"

"因为鸭妈妈让小鸭自己去游，小鸭就学会了游泳。"

"是呀，事情只有自己去做才能学会。面对什么都不让我们做的家长，我们该怎么做？"

小凌说："我们可以跟妈妈说，妈妈您辛苦了，让我自己做吧！"

子睿说："我们可以跟奶奶说，请您别看我小，让我自己来做！"

……

听着孩子们的回答，我相信他们已经从这一个小故事、两张照片中明白，只有自己去做才能学会更多，面对家长的爱护，要对家长说：请别看我小，请让我自己来！

（湖北省宜昌市宝塔河小学　王　林）

2. 谁是我的小主人

这学期，我接手了一年级的新班，一个月下来遇到了很多麻烦。其中最令人头疼的是，经常有家长发微信说：我家孩子早上去学校时带了好几支铅笔，放学回到家文具盒里就只有一支了，麻烦老师帮我家孩子找找。而我经常在教室里捡到许多没有孩子认领的铅笔、橡皮擦。

怎样教会孩子们保管好自己的学习用具呢？

一个周二的早晨，我带着一个精美的饼干盒子来到教室。我把盒子放到了讲台上，同学们陆续来到教室，都对这个盒子产生了好奇心。

同学们纷纷猜测起来："老师，你给我们带好吃的了？""你就是个贪吃鬼，盒子里面肯定是漂亮的奖品。""盒子里面是老师的零食，老师你还没吃早点吗？""盒子里面是好吃的巧克力。"……

在同学们的猜测中，晨会的铃声响了，我一直没讲话，待同学们安静后，我把讲桌抽屉里那些从教室里捡来的铅笔、橡皮擦噼噼啪啪地装进了盒子里。我故意把声音弄得很大，目的是引起全班同学的注意。

坐在讲台旁的俊嘉同学忍不住好奇，小声地说："老师桌子里怎么会有这么多的铅笔和橡皮擦，而且都是用过的？"

听到她的小声嘀咕，我心中暗喜：这就是我要的效果。

我把铅笔、橡皮擦全部装在盒子里，盒子几乎都快装满了，我开口说道："同学们，你们知道这些铅笔和橡皮擦是谁的吗？这些铅笔和橡皮擦找不着自己的小主人了，我们来看看它们的小主人能不能把它们领回去。"

我拿着盒子在教室里走了一圈，但没有一位同学认领。

这时，赵亮说："这些东西肯定不是我们班的。"

俊楠抢着说："这些东西是我班小朋友的。我看到老师把掉在地上没有人要的铅笔和橡皮擦捡起来放在讲台的抽屉里了。"

"俊楠说得对，盒子里的这些东西都是我班小朋友的，掉在地上没人要，我就捡了收集着，短短时间就收集了这么多。它们在你们的文具盒里，就是有用的，在老师的盒子里，就只能躺着睡懒觉了。"

同学们嘿嘿地笑了起来。

"小朋友们，你们那么聪明，能用什么方法照顾好你们的铅笔和橡皮擦，让它们永远不离开自己的小主人呢？"

李子扬迅速地站起来，手里拿着自己的铅笔，大声地说："我在铅笔头上贴上了自己的名字。"

"你们看，我给我的橡皮穿上了漂亮的衣裳。"刘怡然神气地说。其他同学都看着她的橡皮擦，上面有一张可爱的小鸟贴画。

柏诗语高兴地说："昨天我妈妈给我买了这种铅笔套，是粉红色的，如果我的铅笔掉了，我一看到这种粉红色的铅笔套，就知道是我的铅笔了。"

施杰罡慢悠悠地站起来，慢吞吞地说道："我喜欢奥特曼，我的文具盒、铅笔、橡皮擦上都有奥特曼的贴纸。"

"我的每支铅笔上都有两条红色的杠，我自己用红色记号笔画的。"赵亮脸上洋溢着得意的笑容。

我高兴地说："这些方法真不错，每个人的都很有特点。我的这个漂亮盒子我可舍不得拿来给你们装铅笔和橡皮擦，现在我把这些铅笔和橡皮擦全部还给你们，不管它是不是你的，现在你就是它的新主人，你们要用自己的方法保护它、爱护它。"

李鉴垚平时基本不举手发言，当我说完这些时，我看到她的手举起来又放了下去。

"李鉴垚，你有什么想说的吗？"

她站了起来，有点紧张，一直捏自己的手指："老师，我妈妈经常骂我，因为我总是把铅笔弄丢。其实也没丢，只是掉在了地上，我不敢去捡，因为其他小朋友的铅笔和我的是一样的，我怕地上那支铅笔不是我的。明天我也在我的铅笔上做上属于我自己的记号，这样它就不会再丢了。"

"小朋友们，此处应该有掌声。"教室里响起了热烈的掌声。

"小朋友们，我们要学会保管好自己的学习用具，珍惜我们的一切物品，因为它们都来之不易。"我动情地说。

第二天，我刚进教室，同学们就拿着自己的文具盒，围在我旁边像一群欢快的小鸟，叽叽喳喳地说着自己是怎样在学习用品上做记号的。你一句，我一句，我根本记不住谁说了什么，总之，就是每个孩子都有自己的方法来管理自己的文具了。

现在是期末了，我的饼干盒子再也没动过。

（云南省昆明市滇池国家旅游度假区第二小学　覃秀香）

3. 她，就是我们的好榜样

　　一年级的小朋友天真可爱，一见面会用热情的拥抱表示对我的喜欢，但又总是注意力不集中，刚犯了错误，下一秒又控制不住自己。因此，每每上班会课时，我总感觉很头疼，讲道理吧，他们听不懂，讲寓言、童话故事吧，离我们的生活又有点远。

　　正当我苦于无计时，一个瞬间在我的脑海中浮现出来。

　　星期二舞蹈课上，班里的王馨彤因为不舒服被我带到办公室休息。下课铃响了，眼保健操的音乐出现在广播里，我嘱咐她先回教室等其他小朋友回来，她乖乖地点点头。等我回教室时，却发现她正一个人坐在座位上默默地做着眼保健操。

　　偌大的教室、小小的身影，这场景一下子触动了我。

　　我正愁班上的小朋友总不喜欢规规矩矩地做眼保健操，眼前不正是一个好榜样吗？于是我立马写了一篇关于王馨彤的小短文。

　　星期五班会课上，我略显神秘地对同学们说道："今天呀，王老师给大家讲一件让我感动的事情。"

　　小朋友来了精神："是什么呀？"

　　"这件事的主人公正是我们班上的一名小朋友。"

　　小朋友更来劲了："是谁，是谁？"

　　"别着急，听我说。——这周星期二下午第一节课是舞蹈课，还没上课，一个小朋友走过来，可怜巴巴地告诉我：'王老师，我全身都不舒服。'看着她安安静静的样子，我很心疼，蹲下身来询问情况。她告诉我，自己感冒发烧了。想到她的情况不适合上舞蹈课，我便征求了她的意见，带她去办公室休息。一节课的时间，她坐在我的旁边，开开心心地画着画。她不时跟我讲讲纸上画了什么，自己以前去哪里玩过，生活中最喜欢的人是谁，我也放软了声音，耐心地和她聊天。"

讲到这里，我用余光扫了一眼教室，真是难得，平日里一分钟都坐不住的小朋友此刻都乖乖地竖起耳朵认真听。

我继续讲道："下课铃响了，眼保健操的时间到了，我便让她先去教室等其他小朋友回来。她乖乖地点了点头，向教室走去。几分钟后，当我走进教室时，我诧异极了！"

小男生朱钇睿忍不住好奇心，大声喊道："老师，怎么啦，怎么啦？"

看着小朋友们紧张的神情，我抿嘴一笑："此时，教室里没有其他人，也没老师检查，可这个小朋友却认真遵守着学校的规矩，默默地做着眼保健操。"

班上顿时响起"哇"的声音。

我问道："小朋友们，猜猜她是谁？"

教室里一下子炸开了锅，"是唐静吗？""是陈妍霏吗？""是吴子航吗"……

我看了一眼角落里的王馨彤，她正抿着嘴笑呢！

我也笑了："是咱们的王馨彤！"

话音刚落，孩子们纷纷为王馨彤竖起大拇指。

我趁热打铁："王老师感到又惊讶又感动。能将老师的话听进心里，能控制住自己想要玩耍的心，我为王馨彤小朋友骄傲！她，就是我们的好榜样！王馨彤小朋友能做到的，我们其他小朋友也能做到，而且能做得很好。"

后来做眼保健操时，班上的纪律有了明显的进步。

心理学认为，对于学生来说，拥有一个好榜样是至关重要的。我们喜欢他、尊敬他，甚至羡慕他，便会潜移默化地学习他，模仿他，将好品质内化。

后来，我又陆陆续续写了《程根——沉稳、善良的小男子汉》《一对好朋友——肖涵文和陈禹婷》《走廊外的两个身影》等小短文，用短暂的10分钟和孩子们继续寻找我们身边的好榜样。

（重庆市中山外国语学校　王　茜）

4. 新龟兔赛跑的故事

时光如梭，转眼一个学期已经从琅琅书声中悄然溜走了。临近期末，孩子们都开始了忙碌的复习，但是，我发现有的孩子为了取得好成绩，在小组合作学习中，居然不愿意把自己的好方法分享给大家，或者小组讨论时不够积极。为了让学生们学会互相帮助，争取合作共赢，我特意改编了龟兔赛跑的故事，召开了以"合作共赢"为主题的微班会。

课上，我通过课件，请来了"乌龟""兔子"，开始了新编故事的讲述：

有一天，尝到过多次失败的兔子，再一次向乌龟发起挑战。比赛时，许多动物都来到赛场，观看这场新的龟兔比赛。随着一声哨响，比赛正式开始。

乌龟使出浑身解数拼命向前冲，想超过兔子，但还是被兔子远远地甩在后面。评委主席大象伯伯笑眯眯地站在终点线，甩着长鼻子，看着乌龟和兔子奋力向前冲。

兔子拼命地向前跑，汗水已经顺着他的脸颊不断地往下滑，但是兔子吸取了上次失败的教训，仍然坚持奔跑着。跑着，跑着……兔子突然停下了脚步，因为他的面前出现了一条又宽又长的大河。兔子左看看，右瞧瞧，没有木头可做桥，也没有小船可渡河，这可怎么办啊？

故事讲到这里，我说："小朋友们，你们帮兔子想想办法吧。"

董慧说："乌龟会游泳啊，可以让乌龟帮忙。"

"哇，这是一个好办法。"我欣喜地说。

终于等到乌龟爬到了河边，兔子看着气喘吁吁的乌龟，轻轻地问道："乌龟兄弟，这里有条河，可是我不会游泳，你可以驮我过河吗？"

乌龟心想："我们这可是在比赛啊，如果我驮兔子过河，到了对岸，兔子一定会跑得比我快。但是，如果兔子有困难，我不帮助他，心里好愧疚啊！"

此时，我紧锁眉头问道："孩子们，你们觉得乌龟要帮兔子吗？"

月琳马上举手说："当然要，因为友谊第一，比赛第二。"

雨萱也迫不及待地说："要帮助兔子，因为现在你帮助了兔子，万一之后的路上还有困难，兔子就会帮助你。"

听了孩子们的回答，我欣慰地点点头，继续讲故事：

乌龟接受了大家的意见，驮起兔子。为了表达自己的感谢，过河后，兔子抱起了乌龟，他俩一起跑到了终点。

大象伯伯了解情况后，给乌龟和兔子都挂上了金牌。

孩子们情不自禁地鼓起掌来。大家纷纷表示："互相合作，就能成功。"

见孩子们都听懂了故事，我顺水推舟："我们在学校里有没有遇到过需要合作的情况？"

同学们面面相觑，马上想到了"合作学习"。

严星童举手说："我们在合作学习时要互相配合，不能只顾自己的快慢，不顾同学。"

陆郑子航也高高举起小手："自己有好资料可以和小组同学分享，这样对方有好资料也会和你分享，大家都会进步的。"

看到孩子们受到启发，我感到非常欣慰，出示"乌龟""兔子"给同学们的寄语：希望同学们都明白"人心齐，泰山移"，希望我班成为一个"合作共赢的大家庭"。

（浙江省杭州市拱宸桥小学　游佳瑛）

5. 未见真，勿轻言

　　课间，孩子们像往常一样排队去洗手间。不一会儿，课间队长小轩急匆匆跑进来，一边喊着一边对我说："赵老师，刚才小桐拿着铅笔去了洗手间，我看见他在走廊的墙壁上画了一颗星星。"

　　丁零零，每天10分钟的夕会铃声响了。今天夕会照例是要总结当天班级的好人好事以及存在的问题，并提出改进措施。看来要"临时改题"了。

　　几个孩子都看着我，等待我的答案。我示意孩子们先回座位。这时教室里因为铃声静了下来，也因为这一突发事件更加安静。

　　孩子们的目光都聚集在我脸上，眼神中透露出的信息是，老师说过很多次，要爱护环境，爱护公共设施，并且去洗手间或者课间活动时不允许手上拿铅笔、尺子一类的东西。孩子们好奇又略带紧张地看着我，看一眼小轩，又看一眼小桐。

　　为了了解情况，我把小桐叫到讲台前，问他："你是不是拿了铅笔？"他点点头，眼眶已经湿润。

　　我问他："课间活动手上可以拿铅笔吗？"他一边哭一边摇头。

　　我继续问："你在墙上画星星了吗？"他不敢说话。

　　我追问了一遍，他才哭着点头，说："我就画了一颗小星星。"

　　我相信小小的他已经用眼泪说明自己认识到了错误，于是我轻声细语地告诉他："我们不可以在洁白的墙壁上乱涂乱画，墙壁的脸花了，会不开心的。以后一定不能这样了，好吗？"

他点点头，说："赵老师我知道了，我以后不画了。"

孩子能认识到自己的错误，相信他不会再这样做了。接下来我就准备通过这件事给他们讲讲如何爱护公共环境。

然而事情在我意料之外发酵了。

小豪突然站起来，大声说："赵老师，小桐在墙上画了星星，还画了好长一道线！"

小萱、小涵也没有举手就站起来说："小桐在墙上画了好多好多，乱七八糟的。"

听到这里，我已经开始沉不住气。小桐已经止住的眼泪又流了出来，嘴里只说着："我没有，我没画。"

这时班长小薇也站起来说："老师，小桐在墙上画了好几道！"

小桐的双手都来不及擦眼泪了。

原本安静的教室吵闹起来。你一言，我一语，仿佛他们都在现场。

我的情绪复杂起来，班长都说了，难道小桐骗了我？他明明画了那么多，居然说自己只画了一颗星星！然而我努力控制自己的情绪，回想整件事情，到底谁说的是真的？

我一字一句地问："你们谁亲眼看见小桐在墙上画画了？"

教室里沉寂了一会儿，你看我，我看你，又全部看向我。

过了一会儿，只有小轩一个人举手。我问他："当时只有你一个人在他旁边，对吗？"小轩说："是的，当时只有我俩在一起。我看见他只画了一颗星星。"

我问小桐："当时只有小轩在你旁边对吗？而且你只画了一颗星星？"小桐哭着点头，说："我是只画了一颗小星星，没画别的。"

我又问其他人："你们谁还看见小桐在墙上画了？"很多孩子们边摇头边说没有，刚才告状的几位主角都没有说话，眼神中似乎写着紧张。

我说，现在老师要给你们讲一个故事：

战国时代，魏国的太子被送到赵国都城邯郸做人质，跟随一起去的人员中包括了魏国著名的大臣庞葱。

在临行前，庞葱对魏王说："要是现在有个人跑来说，热闹的街上出现了一只老虎，大王您相不相信？"

"当然不相信！"魏王立刻答道。

"如果同时有两个人跑来说，热闹的街上有一只大老虎，您相信吗？"庞葱又问。

"还是不相信。"魏王又立刻答道。

"那么要是三个人异口同声地说街上有只老虎时，您会相信吗？"庞葱接着问。

魏王想了一会儿回答："我会相信。"

于是庞葱就劝诫魏王："街市上不会有老虎，这是很明显的事，可是经过三个人一说，好像真的有老虎了。现在赵国都城邯郸离魏国国都大梁，比这里的街市远了许多，议论我的人又不止三个。希望大王明察才好。"

魏王道："一切我自己知道。"可是，庞葱走后，毁谤他的人太多了，庞葱陪太子回国，魏王果然没有再召见他。

这个故事简单来讲就是，三个人谎报城市里有老虎，听的人就信以为真。说的人多了，就能使人们把谣言当作事实。

孩子们都不说话了，看得出来，有的孩子懂了，有的孩子还不知道什么意思。

结合我们每天都在背诵的国学《弟子规》，我又让他们背诵了这四句：

> 未见真，勿轻言，知未的，勿轻传。

我说："这四句话告诉我们，看到的事情没有弄清楚，不要随便乱说；听来的事情没有根据，不要随便乱传，以免造成不良后果。今天我们一些同学，并没有在现场，也没有看到真实情况，就随意猜测，是不是不应该呢？这样是不是冤枉了小桐呢？小桐心里是不是不舒服呢？"

大家都点点头。这时几个同学举手了。

我先看向班长小薇，她的一举一动、一言一行平日里都是大家学习的榜样。我示意她发言。

小薇说："我们这样做不对，我们应该向小桐道歉。"

小豪说："我们应该看清楚再说，不能随便说同学。"

小萱说："我冤枉了小桐，我再也不这样做了。"

小涵说："同学之间应该互相帮助，好好相处，而不是乱传话。"

我微笑着看着他们。

"小桐对不起！"孩子们脸上写满了真诚。

"没关系！"小桐擦干眼泪，露出了微笑。

丁零零，夕会结束，功课完毕太阳西，收拾起书包，孩子们又高高兴兴地回家去。

（陕西省西安市陕西师范大学万科小学　赵　姣）

未见真，勿轻言

6. 用爱滋养心田

还记得大学上《家庭心理学》时，老师要求我们五人一小组，每次课上花 10 分钟互相讲讲其他人的优点。

活动刚开始，我们都很腼腆，对于并不是很亲密的大学同学，那表示赞美而柔软的话总感觉说不出口。可一旦说出口，朋友们真切的眼神、略带笑意的腔调便会如一阵春风吹暖我们的心。

"啊，原来在别人眼里，我还有这么多优点。"

老师告诉我们，这叫"心灵滋养"，用赞美滋养我们的心灵，让它变得更暖，更有力量。从此，我牢牢记住这个词语。

现在，我成为了一名小学教师。孩子们天真烂漫，却缺乏一定的自控力，管不住自己的手、脚。因此，当日日面对着这群喜欢告"小状"，总先想到自己的小朋友时，我突然想到，对于他们是否也能采用"滋养"的方法呢？

于是，当天的班会课上，我神秘兮兮地眨了眨眼睛："孩子们，我们来做个小活动吧。"一听到王老师不讲大道理，反而做小游戏，个个都蹦起来，拍桌子，笑开了花。

我环视了一下整个教室，等所有同学都安静下来，便宣布活动要求："现在请所有小朋友回想一下，在这一周里，咱们班都有哪些人默默地帮助过你。你愿意把别人帮你的事讲出来，跟我们一起分享分享吗？"

为了能让他们更明白，我举了个例子："例如，今天中午某某帮我叠了被子，我特别感谢他。前天晚上，某某借给我一支铅笔，我觉得非常开心。"

5秒后，一只小手直直地举了起来，是邬岱江。他站了起来，用不大但清楚的声音说道："昨天晚上我回家了，但忘记把凳子立起来了，今天早上才听说是冯国庆帮我立起来的。"

40双小眼睛齐刷刷地看向了坐在最后面的冯国庆。冯国庆的脸刷地变红了，低着头，显得有些不好意思。

我引导邬岱江："听到有人帮你立了板凳，当时你是什么心情？"

"觉得特别开心，他人真好。"

"那现在你愿意当着我们的面好好感谢他吗？"

邬岱江毫不犹豫地点了点头，转过身子面对冯国庆，还微微鞠了一躬："冯国庆，谢谢你了。"

一句简简单单的话，我却听出了里面最诚挚的谢意。

冯国庆也绽开了笑颜。

我想，被别人夸奖的滋味一定比我奖励的糖果还要甜。

有了第一只小手，很快就有了第二只、第三只、第四只……

一会儿是"钟慧琳昨天早上起床时，见我速度慢，主动帮我叠了被子。她真好！"一会儿是"今天下午考数学了，我没有橡皮擦，付双马上就借给了我，谢谢她！"一会儿是"上一周，王馨彤看见我的水杯没带来，把自己的水杯给了我，感谢她！"一会儿又是"前几天，陈禹婷带了棉花糖，分享了一个给我，好甜呀！"……

一时间，几十只小手纷纷举起，都争着要感谢别人，甚至，有的小朋友已经感谢过一次了，可又想起一件别人帮助过自己的事，急急地，再次举起手。

我们的记忆一下子拉长了，生活中许许多多微小如砂砾般的小事，现在想想，哦，都是别人帮助过自己的。

在举起的小手中，我仔细观察着整个班级。想向对方表示感谢的小朋友大方、真诚，绝不扭扭捏捏，而被感谢的小朋友都抿着小嘴，偷偷地笑着，一种温馨的氛围弥漫在整个教室里。

此后，这份爱的"滋养"便经常出现在我们班级里，成为一道美丽的风景线。它犹如春雨，柔柔地拂过小朋友的心田，积蓄着力量，等待着某日的破土发芽。

（重庆市中山外国语学校　王　茜）

7. Say No

"张老师，张老师，吴××打我！"小普满脸泪痕、委屈地到我面前哭诉，一边说一边描述打斗的过程。

我向来特别警惕、反感打斗情况，觉得要真正防治校园凌辱事件，就必须从看起来无所谓的小打斗开始，从源头上控制，不让"星星之火，得以燎原"。孩子们自然是了解我的，所以才会无论发生什么类型的打斗，都第一时间告知我。

听完大致过程，我立马请来了另一位当事人——小吴。小吴到我面前承认了打人的事实，但轻轻地飘出一句话："他想亲我的嘴巴，我才打他的。"

嗡的一声，我的脑袋炸了，怎么可能，他们是才刚刚步入二年级的孩童，而且还是两个男孩，现在就有了这样"荒唐"的举动，会不会太早了？"性教育"不是要到初中才应该对他们普及的吗？

基于这件事，我在孩子们中间了解了一下，竟然发现很多孩子之间都发生过类似"亲嘴"的事件，但是与这次事件不同，当事双方并不觉得有不妥当的地方，所以没有打斗现象，这也是我一直没有发现这一情况的原因。随着深入调查了解，让我长舒一口气的是，孩子们的"亲嘴"并不是早恋，更没有色情色彩，但"say no"的主题班会已到了非开不可的地步了。

走进教室，我随手在黑板上画了两个小人，一个男生，一个女生，让孩子们说说哪些地方是不能让别人碰的。

"老师，尿尿的地方不能碰。"小张（女）说。

"那男生尿尿的地方能碰吗？"我问道。孩子们哄堂大笑。

"不行！""肯定不行！"几个男孩争先恐后地说。

我在黑板上严肃地写下了"隐私"两个字。随后告诉孩子们，就身体而言，泳衣遮盖住的地方都属于隐私部位，别人都不能碰。

"哪些地方属于隐私？"我笑着问孩子们，"你们能在黑板上的两个小人上用圆圈标出他们隐私的地方吗？"看着孩子们陆续在黑板上圈出极易让人注意的隐私部位，我很欣喜，其实孩子们并不是我们认为的"小白"，对隐私一无所知。

我又向孩子们提出："老师认为，除了同学们标记的地方，还有一个地方也是不能轻易让别人触碰的，它就是——嘴巴，有谁亲过你的嘴巴吗？为什么？"

"小李（女）亲过我的嘴巴，她说我们是好朋友，她喜欢我。"小王（男）毫无胆怯地说。

"妈妈亲过我的嘴巴，我是妈妈的乖宝贝。"小杨（女）开心地说。

"我的妈妈也亲过我的嘴巴。"

"蔡××亲过我的嘴巴。"

孩子们七嘴八舌地说开了，让我开心的是，孩子们的"亲嘴"是表示友好的手段；让我担忧的是，不少孩子并不觉得"亲嘴"与"被亲嘴"有任何不妥。

我接着问："有没有同学觉得亲嘴让你感觉不舒服？"

小吴（前面所提打斗事件的一个当事人）像做错事般怯懦地举起手："我觉得别人亲我，侵犯了我的隐私。"呀！没想到这小子竟然活学活用。

"严格地说，嘴巴不算隐私部位。"我笑着说，"亲嘴这一动作，可以表示友好，可以表示喜爱，但只能发生在最亲的亲人之间。现在不能发生在同学之间，也不能发生在师生之间。那么我们能用哪些动作来表示对人友好呢？"

"拥抱""握手""问好"……孩子们提了很多建设性的意见。

"如果还有其他人，包括同学、好友、老师等想用'亲嘴'向我们示好，我们需要大声'say no'，并且建议他换一种方法。"

　　"无论何种形式的友好，我们都需要征询对方的意见，如果同伴不乐意，我们仍然坚持，这样的行为就要阻止，我们需要大声——"

　　"Say no."孩子们异口同声地回答。

　　　　　　　　　　（云南省昆明市滇池度假区实验学校　张卿慧）

8.窗边的小豆豆告诉我

那年秋季，我调到区里的农民工子弟小学，担任二年级班主任。接班以来的三个多月，我发现同学们之间比较冷淡，缺少互相帮助的精神，这让我很担忧。

班会课上，我心平气和地对同学们说："我发现同学之间比较冷淡，同桌上课没带书没人借他共看，同学摔跤没人扶他，大家更多的是围观，很少帮助别人。为什么会这样呢？大家想一想。"

教室里安静了下来。

"可能很多同学觉得自己家境并不好，自己都是需要帮助的，又哪里有能力帮助别人，对不对？"

很多同学使劲地点头。班上很多同学家境一般甚至是困难，我的话引起了很多同学的共鸣。

"可是，帮助别人，难道只是经济上的帮助吗？"

同学们有的不说话了，有的摇摇头，还有的若有所思。

"我们来看看小豆豆是怎么帮助同学的吧。"我拿出了《窗边的小豆豆》这本书。这本书是我利用碎片时间给同学们补充的课外内容，虽然只念了几章，但很多同学已经被吸引。

大家静静地看着我。我选择了书中《大冒险》这一篇，讲的是小豆豆克服重重困难，帮助因小儿麻痹症而腿脚不灵便的邻居泰明爬树。

我清清嗓子，开始念书中的故事：

在礼堂露营后的第三天，终于迎来了小豆豆的大冒险的日子。这一天，小豆豆和泰明有一个约定，而且这个约定对爸爸妈妈以及泰明的家里人都是保密的。那么，这个约定到底是什么呢？那就是"要请泰明上小豆豆的树"……不过，泰明因为患过小儿麻痹症，从来没有爬过树，也就没有"自己的树"。所以小豆豆决定今天请泰明爬自己的树，已经和泰明约好了。之所以要对别人保密，是因为小豆豆认为"大家都会反对这件事的吧"……

故事娓娓道来，同学们带着疑惑，想知道调皮的小豆豆究竟是怎么做的。

小豆豆从很远的教室搬来了梯子，喊泰明快点爬上梯子，但是泰明的手和脚都没有力气，一个人怎么也登不上梯子的第一级。于是小豆豆又飞快地转身下了梯子，这回她从后面托着泰明的臀部，使劲地把他往梯子上推。但是小豆豆毕竟太瘦小，从后面托住泰明就很吃力了，没有力量再去按住要滑动的梯子。泰明把脚从梯子上拿下来，默默地站在梯子前，低下了头。小豆豆这才发现，事情比自己设想的难得多。

念到这段时，我故意读得很费劲。一开始同学们听到小豆豆用头顶着泰明的臀部时还轻笑了一声，但接着就被小豆豆的真诚打动，有的同学已经皱起了眉头，看得出他们都希望泰明能顺利地爬上去，但又担忧他爬不上去。

小豆豆累得满头大汗，却发现通过梯子爬上树是不实际的。她又跑回教室搬来脚手架，终于把泰明推上了脚手架，但泰明还是爬不上去。于是小豆豆自己爬上树后，又拉又拽地把泰明拉上了树。

"这是泰明第一次也是最后一次爬树。"我深情又缓慢地念完这句后，同学们舒了口气，露出真诚的笑容。我问同学们："如果你是泰明，你会对小豆豆说什么？"

"我会谢谢小豆豆的帮助。"有同学大声地说。

"那如果你是小豆豆，你会这样费尽心思、不怕辛苦地帮助泰明吗？"我继续追问。同学们不说话了，有少数同学轻轻地点点头。

"小豆豆对泰明的帮助是经济上的吗？"

同学们摇摇头。

"是的，并非只有给钱、送礼物才是帮助，生活上、学习上我们都可以互相帮助。你们在生活、学习上帮助过同学吗？"

同学们又安静了下来。

"我相信，你们想帮助别人，但可能还不知道该怎么帮，也可能还没有这个习惯，但这都没关系，我们从现在开始，试着去帮助别人好吗？帮助别人不见得一定要给很多钱，不见得要送很多东西，哪怕只是实现同学的一个小小心愿也是帮助。你们可以做到吗？"

同学们的眼睛亮了起来，使劲地点点头。

小豆豆的故事直白又充满温情，平淡的故事却充满了巨大的能量，孩子们从故事中体会到了帮助他人的美好与感动，从小豆豆身上感受到了榜样的力量。在以后的学习生活中，我们要继续努力，让帮助他人成为一种习惯，让孩子们感受到帮助别人的快乐。

（湖北省宜昌市宝塔河小学　金小正）

9.一张照片

艺术节年级决赛在报告厅举行，我特邀了家长们前来观看。结束后，值周老师检查每个班级所在的区域，地面干净了才可以离开。只见我们班的孩子，有的敷衍地捡捡垃圾，有的干脆站在原地，眼巴巴地望着出口，眼神中满是想要离开的焦灼。

可我一转身，只见向春羽趴在地上，正用手捡拾刚刚一些家长吃完后散落一地的桂圆壳、桂圆核。她一只手捡，另一只手已经捧满了桂圆壳、桂圆核。我立马掏出手机，拍下了这个镜头，心中有了想法。

第二天，行规礼仪10分钟时间，我先用简单的几句话总结了昨日的情况，然后谈到"捡垃圾"。这时，我在屏幕上播放出这张照片。

同学们看到，先是惊奇地愣住，接着几个孩子指着照片上的"主人公"大声嚷起来："啊，是向春羽！""向春羽正在捡垃圾！"大家纷纷把头转向坐在后排的向春羽。向春羽有些不好意思地笑了笑。

接下来，我要求孩子们认真观察照片："你从这张照片中看到了什么？"

张巍舰举手了："我看到向春羽正在捡地上的垃圾。"

我继续引导："能说得再详细些吗？比如说她的姿势。"

经过提点，一只只稚手又高高举起。我请平时善于表达的谭凌云先发言："我看到向春羽正趴在地上捡果壳。她双腿跪在地上，还弯着腰，身子都好像缩成了一团，埋头在那儿捡果壳。"

我赞许地点点头："你真会观察！"

还没等我继续追问，平日爱插嘴的陈峻毅开口了："黄老师，我知道。我昨天看到是秦于稀的妈妈带来的桂圆！"另外几个立马附和："她们一家坐在那里吃，她的奶奶、她的妹妹都在剥了吃。""她自己也吃了。"

　　大家你一言，我一语，秦于稀的脸通红，仿佛成了众矢之的。我赶紧说："一年级我们就讲过，不能带吃的进学校，更不能乱扔垃圾。家长可能不知道这个规矩。可是，孩子，我们可以提醒自己的家长。"

　　考虑到秦于稀是个自尊心很强的女孩，看着她一脸的羞愧，我又解围道："当然，昨晚秦于稀有舞蹈表演，也许她妈妈也是担心她饿了，心疼她，所以带水果来剥给她吃。再过两周，艺术节总决赛在小操场举行。如果你的父母来看节目时，又给你带了些零食，你会对他们说些什么呢？"

　　孩子们再次纷纷举起了手："妈妈，在小操场不能吃东西，会制造很多垃圾，地面就不干净了。""妈妈，这是公众场合，不能吃零食，不然会给班级扣分的。""妈妈，谢谢你带吃的给我，这些零食，我们还是带回家去吃吧！"……听着孩子们朴实的话语，我心中竟有些感动。

　　我又指着照片，继续说："有些孩子，平时喊他捡一些地上的纸团，都是两根指头夹着，一副嫌弃的表情。可看看向春羽，默默地趴在地上捡滚到座椅角落里的桂圆壳。为了地面的干净，她不怕弄脏自己的手。就因为她身上有一种美好的品质：在任何时候，都能爱护身边的环境，主动捡拾垃圾，不怕苦，不怕脏，我们是否应该为她的这种行为鼓掌呢？"

　　教室里顿时响起了热烈的掌声，大家都投给向春羽称赞的目光。向春羽的脸上绽放出灿烂的笑容，那是一种由衷的高兴和自豪。

　　"平时生活学习中，你身边的哪些同学，也有主动捡起垃圾的好习惯呢？"大家左看看，右看看，大声说道，"廖晨源""龚传鑫""李煜"……

　　我最后总结："是啊，原来有这么多的环保小天使就在我们的身边，希望每个孩子，都能向他们学习。这样，我们的教室、学校、家园，甚至整个地球将会越变越美丽。"

　　一张日常生活小照片，竟引起了大家的热烈讨论。我想，讲再多的文明故事，也比不上孩子们身边生动的例子影响大；再多的语言，也比不上一张真实的照片带给人的震撼；再多的道理，也比不上孩子们自己经历后说出来的真情实感。

（重庆市中山外国语学校　黄竹阳）

10. 地板上的修正贴

孩子们升入三年级，开始使用钢笔了。刚开始使用，写错在所难免，修正贴成了学习必备的工具。有一天，值日生找我反映，教室的地板上粘着许多修正贴，非常难以清扫。经过观察，的确如此。

这天班会课，我特意带了把小铁铲进教室。铃声响起，师生问好后，我一声不响地弯腰捡地上的修正贴，对难以清理的进行细致的铲除。

孩子们先是安安静静地看着。过了一会儿，有几个同学开始蹲下身子，捡起地上的修正贴，但都不敢出声。

过了2分钟，我回到讲台上，目光扫视全班。教室里安静极了，也许孩子们担心暴风雨即将来临，都屏息凝神。

我拿出事先准备好的字条，逐一贴在黑板上：遇问题，不指责，不抱怨，想办法，来解决。孩子们很自然地齐声念了出来。我笑着问："三年级了，使用钢笔了，地上的修正贴也多了，怎么办？"

有孩子举起了手，我不急于请他们发言，而是说："今天我们用头脑风暴法来解决问题。"孩子们第一次听说头脑风暴，都好奇、兴奋。

"什么是头脑风暴法呢？就是每个同学都把自己想到的解决方法说出来，在这个过程中畅所欲言，不指责，不抱怨，任意想象，尽情发挥，主意越新越好。时间3分钟。"

明白了老师的要求后，蒋雨彤最先出了主意："可以带一个专门的塑料袋，把用废的修正贴装在里面。"

陈允琦接着说："把用废的修正贴放在书包里。"

"可以装在衣服口袋里。"

"可以先放在抽屉里，下课再丢。"

大家七嘴八舌地说着。

有人想反驳，我摆摆手，示意他们不批评、不评论。

周楚航的眼睛亮闪闪的，手举得老高老高。我让他发言，他说："修正贴用过后，还有一定的粘性，可以贴回到原来空白的底板上。"

受到周楚航的启发，杨昊燃说："可以贴在书壳上。我们的书壳大部分都是塑料的，上课的时候贴上，下课再撕下来丢在垃圾桶里。"

"可以贴在草稿本上。"马语瞳同学说。

"可以贴在手背上。"小赵同学笑嘻嘻地说。

孩子们的想法让我兴奋不已。说实话，我可没有想到这么多这么好的办法。他们的眼里也放射着快乐的光芒。这光芒里分明闪烁着自信和骄傲。

时间到，我让孩子们举手选择自己将采用哪一种方法。

结果，大部分同学选择贴回原底板的空白处，也有少数同学选择贴在书壳上和草稿本上。

我指着黑板上的字条：遇问题，不指责，不抱怨，想办法，来解决。孩子们会意了，又齐声念了起来，声音里多了些喜悦。然后，我又贴上了一条：办法总比问题多。

念完了，我问："我们以后都这样来解决问题，好吗？"

孩子们的回答喜悦而响亮："好！"

日子一天天过去，这个学期快结束了。我非常开心，没有再为地板上的修正贴烦恼过。

（云南省昆明市滇池度假区实验学校　许红英）

11. 课间安全进行时

炎炎夏日，走在教学楼的过道上，我忽然感到一阵凉意从身侧传来，还没来得及反应，"咣当"一声，一个孩子突然在我正前方摔了下去。我赶忙走上去搀扶他。

刚才这样一摔，孩子满脸痛苦，虽然有我的帮助，但还是有些站立不稳，最后他一瘸一拐地走回了教室。看着孩子走进教室的背影，我心里很不是滋味，课间10分钟是快乐的，但是也存在一些安全隐患。虽然我们经常给孩子讲安全，可是大部分孩子只有在经历痛苦后才会"长一智"。尤其是小学低中段的孩子，他们的习惯还在养成中，需要我们及时引导和教育。

班会课上，上课铃响，师生问好后，我有意放起了"丁零零"的下课铃声，孩子们疑惑的表情似乎在问：怎么刚上课，就下课了？

看着孩子们满脸诧异，我问："大家听到这样的铃声时，有什么感受呢？"

孩子们恍然大悟，原来这是林老师播放的音乐而已。当然，这样的问题孩子们很乐意回答。大家七嘴八舌地说："下课了，好开心。""又可以做我们的游戏了。""可以休息了。"……

接着孩子们的话，我用轻松又缓慢的语调对他们说："对，下课铃声响起，意味着我们的课间10分钟开始了。课间10分钟是我们轻松的时刻，也是我们开心的时刻。可是，快乐的课间10分钟也隐藏着许多问题和危险。只有我们学会了辨认危险，才会有意识地避免危险行为。接下来，我们大家来'找茬'吧！看看图片中课间休息的孩子们会发生什么危险。"

一听说有"找茬"的新任务，孩子们一下子来劲了，一双双小眼睛紧紧盯着屏幕。因为都是孩子们熟悉的场景、熟悉的行为。

每放一张图片后，我问大家谁来"找茬"，一只只小手迫不及待地举起来，争着说"我来找！"

12张图片，例举了孩子们课间休息的12种危险行为，我及时地表扬了孩子们的仔细观察和认真分析。我还给孩子们作了进一步的分析："大家看到的课间危险主要表现在拥挤伤害、追逐伤害和游戏伤害三个方面，所以我们一定要增强安全意识。因为不文明的休息带来很多的安全问题，会影响正常学习生活，甚至会带来一生的痛苦。接下来，我们做个游戏体验一下吧！游戏叫'我的一只手受伤了'。请每位同学试着只用一只手穿脱上衣，另一只手不能动，不能帮助。"

当我发出口令后，我看到了有的同学很别扭，有的同学用上了嘴，有的同学甚至蹲在地上，用脚去踩衣袖……各种窘态让我这个旁观者忍俊不禁。

时间到，我请孩子们谈谈感受。大家七嘴八舌："太不方便了。""这样脱衣服太困难了。""我不想我的手受伤。""幸好这是假的。"……

"是啊！一个人受伤了，会给生活学习带来不便，我们应该重视安全问题，保护自己从自身做起。你们知道吗，你们的安全不仅仅是你们的，还是关爱你们的人的。接下来我们一起去看看乐儿妈妈赵阿姨给我们录的一段视频。"

赵阿姨的话不多，但句句叩击孩子们的心弦。特别是赵阿姨说出"孩子们的健康安全是父母最大的心愿"时，一群小家伙沉默不语了。

当孩子们还在思考赵阿姨的话时，我说："孩子们，为了自己，为了爱我们的人，我们应该不断增强安全意识，提高自我保护能力。安全牢记心中，课间安全永远是进行时。"

（四川省广元外国语学校　林　欢）

12. 谁弄坏了饮水机

课间，一个孩子跑过来对我说："钱老师，饮水机坏了。"

我随孩子一起走到饮水机前查看，只见冷水出口处被一截扭曲的铁丝缠住，勉强能够使用，但不方便，还容易划伤手指。

我问围在身边的几个孩子："这是谁弄坏的？"孩子们都表示不清楚。

我决定利用这天下午的班会课查出弄坏了饮水机的"凶手"，让他负责。

班会课上，我特意带了一个空杯子走进教室，径直朝教室后方的饮水机走去。我奇怪的行为引起了孩子们的好奇，他们的目光也随着我的脚步移到了饮水机前。

"咦？这饮水机怎么坏了？"我假装不知情地问，"什么时候坏的？"

"饮水机坏了？"

"什么时候坏的？"

"是呀，这饮水机坏了，接水可费劲啦，半天才接得出一点点。"

"这饮水机昨天就坏了，今天有人用铁丝缠了缠，才勉强能用。"

孩子们你一言我一语地小声讨论着。

"谁弄坏的？"我追问。

孩子们一个个你看看我，我看看你，都说"不是我"。

"谁弄坏的？"我提高了声调，再次问道。

"不知道呀。""是谁弄的？""我这两天都没去接水，肯定不是我。"孩子们中传出了各种各样的声音。

这时，筱儿把手举得高高的，叫喊着"钱老师，我知道！"孩子们把目光都集中到了筱儿身上。

"是旺旺弄的！"

"不是我，不是我弄的！"旺旺听后，立马回应道。

"就是你，别抵赖了。"筱儿指着旺旺肯定地说道。

"你凭什么说是我弄的？"旺旺激动地大喊道。

"昨天我去接水时，看到你在那儿用铁丝缠饮水机出水口了。"

"旺旺，你太坏了！弄得大家都不能接水了。""就是你，就是你，平时你最爱干坏事。"孩子们又掀起了新一轮议论。

"我是在修饮水机！"旺旺大声辩解道。

"钱老师，就是旺旺弄坏的！让他赔。"筱儿指着旺旺说。

"是的，肯定是他弄坏的！"瓜瓜、果果附和道。

"你们看见什么了？"我问瓜瓜、果果。

果果站起来，义正辞严地说："钱老师，旺旺平时就经常欺负我们。他又不遵守纪律、不按时交作业，课上常常被老师批评……"

听了果果说的这些，不少孩子也跟着果果开始指责起旺旺的种种不是。"再说了，要不是他弄坏的，他会修饮水机吗？"果果补充道。

"就是，肯定是他弄的！他经常干坏事，还不承认。"指责旺旺的声音越来越大。

"钱老师，真的不是我！"旺旺一脸难过、无助的样子，眼眶里噙着泪水。

以我对旺旺的了解，我相信这不是他干的。旺旺虽然比较调皮、不听话，但从来都是一个敢做敢当、有错就认的孩子。

我示意孩子们安静下来，严肃地问道："旺旺，你老老实实地告诉我，饮水机到底是不是你弄坏的？"

"不是，真的不是。钱老师，您要相信我！"旺旺回答道。

"筱儿，你看见旺旺弄坏了饮水机吗？"我看着筱儿的眼睛问。

"没有。但我看见他在那儿用铁丝修饮水机。"筱儿认真地答道。

"有没有哪位同学亲眼看到旺旺弄坏饮水机呢？"我大声地问，并用双眼扫视每一个孩子。

孩子们相互看看，都摇摇头。

我看着孩子们的反应，总结道："孩子们，你们没有一个人看到旺旺弄坏饮水机，只有人看到他在修饮水机。这个经常欺负捉弄你们的人，在发现饮水机坏了后默默地修理，为大家做好事，却得不到大家的称赞，反而指责他，他心里该多么委屈呀！希望今后你们都能以事实为依据，去判断一个人、一件事。"

弄坏饮水机的"凶手"最终也没有查出来，可我和孩子们找到了比找"凶手"更重要的东西。

（云南省昆明市滇池度假区实验学校　钱泓谕）

13. 谁赢了

课间操结束准备列队回教室时，小刘和小宋两个同学，因争第一，发生了争执。两个人互不相让，小刘是个女生，哭了起来，小宋发现我正用目光注视着他们，才不情愿地让了一步。

这样的情形，在同学间出现过好多次了，我没少批评教育，可是似乎作用不大。如何让孩子们真正愿意互相谦让，让出一份和谐之美？作为班主任的我，开始了思索，我决定为这件事上一次微班会。

上课铃响，师生问好后，我笑眯眯地说："今天课间操结束时，发生了'精彩'的一幕。"我故意停顿了一下，看着小刘和小宋。他们直视着我，有一些紧张，可能在担心我的批评吧。

我接着问："刚才有谁看到了？"同学们没有回答，疑惑地看着我。

我继续说："刚才课间操结束时，咱们班上演了一场'精彩'的站位争夺战。有请两位同学再给我们表演一次。"

小刘和小宋难为情地坐在座位上，不肯起身。

我知道，时机差不多了，就绘声绘色地描述了刚才的情景。然后在黑板上大大地写了三个字：谁赢了？

同学们没有立即回答。

我的目光看向小宋，说："采访一下，小宋同学，你现在的心情如何？"

小宋害羞地说："不好。"

"小刘，你呢？"

小刘是个爱哭的女孩，眼泪又在眼眶中打转了，她小声回答："不好。"

我趁热打铁："事情已经过去好一会儿了，可是，两位同学的心情到现在都不好。表面看，小刘同学赢了，但是请仔细想想，他们输掉了什么？"我又在黑板上大大地写下一个字：输。

同学们纷纷举起了手。

"输掉了好心情。"高誉航眨着大眼睛，肯定地说。

"输掉了学习。因为心情不好，就不能专心听讲了。"

"输掉了友谊。"王然迫不及待地说。

我暗暗高兴："为什么说输掉了友谊呢？"

"因为他们都会记得这件事儿，以后还会互相出气，就做不成好朋友了。"

"还输掉了团结。"

我把孩子们的话，一一写在黑板上。等他们都不说了，我大大地写了一个词：品格。我想让孩子们看问题的角度再深入一些。思考片刻，赵钇米说话了："我认为还输掉了互相谦让的好品质。妈妈说，谦让是一种美德！"同学们投来赞许的目光。

从同学们的眼光中，我知道不必多说什么了。我指着板书，梳理了同学们的发现，说："看来，抢站位这件事儿，即使看起来赢了的同学，也输了。也就是说，刚才两位同学都——"我故意拖长了声音。同学们异口同声地接上："输了！"我趁机大大地写下三个字：都输了！

"既然结果都是输，那抢位这事儿，是不是特别不划算啊？"

"是。"同学们都认同。

我把焦点转移到刚才的两位同学身上："小宋，你是男子汉，许老师先采访你，下次再遇到这种情况你会怎么做？"

小宋已经没有先前紧张了："我会让一让她。"

我又问："小刘，你呢？"

"我也会让一让他。"

"请为两位同学鼓掌！"我的话音刚落，掌声"啪啪啪"地响了起来。

我问："为什么要为他们鼓掌啊？"

"因为知错就改，就是好孩子。"李昕睿马上响应。

我接着说："除了这个，还有一个原因，那就是要感谢这两位同学，让我们都真正学会了以后应该怎么做。其实，咱们班上，像这样互相抢站位弄得很不愉快的，绝对不止他们两个，对吗？"有好几个同学嘿嘿地笑了。

我注意到，小刘和小宋的表情也轻松了。

（云南省昆明市滇池度假区实验学校　许红英）

14. 同舟共济

前几天的啦啦操比赛，我班年级倒数第一，周三要进行跑操比赛了，可不能再年级倒数第一了。

班会课上，我对学生说："上了一天的课，我们来玩个游戏怎样？"

"好！"学生沸腾了。

我把提前准备好的两个尼龙袋子放在了地上，告诉同学们："游戏的名字叫'同舟共济'。游戏情景是这样的：有一天，我们全班坐船出去旅行，突然船在大海里遭受了巨大的风浪，翻了，这就是你们唯一的救生艇。我们分组进行比赛，比一比哪组获救的人最多。"

学生看到尼龙袋子之后，说："啊？这么小，能乘坐几个人？"

我笑着说："只要是游戏，都有游戏规则。'同舟共济'的规则是，每个小组14人，将尼龙袋子看作本小组在落水时唯一的一艘救生艇，请小组想办法让更多的人站到救生艇上获救，每个人都必须踩到尼龙袋子上。我宣布比赛开始后，各个小组开始往尼龙袋子上站，比赛时间为30秒，当我宣布时间到时，哪一组站上去的人多，哪一组就获胜。我们请两个组上来体验一下，其他小组做评委，仔细看哦。"

学生们都踊跃地举手，还有的怕叫不到他，站了起来。我特意选择了一组和二组，因为这两组学生在啦啦操比赛过程中最乱。

两组成员都围在"救生艇"外侧跃跃欲试，我喊了一声："开始！"他们使劲地往"救生艇"上挤，有的刚挤上去，被前面的同学给推了下来；有的拉住其他同学不让他上，乘机自己上去；还有的在争抢过程中，动起了手；第二小组已把"救生艇"踩成了一团……

"时间到！停止活动。评委们，我们一起数一下人数。一组，5人。二组，3人。哪个小组赢了？"

"一组。"

"二组，你们说一下自己为什么才上去这么点人？"

郭子奇说："我们都是你争我抢，我刚上去，就被赵子墨给拽下来了。我下来后，也把他给拽下来了。"

马腾越说："当你一说出开始的口令时，我们都争着往上上，谁也不让谁，这样谁也登不上去。"

李柯凡说："我们失败的最大原因是不团结，不懂得合作。"

李文倩说："我们在争抢过程中，都把'救生艇'给揉皱了，变得越来越小，这样我们能上去的人也就不多了。"

我总结说："刚才同学们说的都是自身的真实感受，找到了失败的原因。虽然一组上去的人比二组多，但是没有获救的人也不少。我们怎样才能让更多的人登上'救生艇'呢？"同学们纷纷举起了手。

马建昊说："我们应该有序登陆，不要抢。"

朱浩天说："应该有位组织者，组织同学们有序登陆。"

……

"下面我们再给一组、二组一次机会，看他们这一次获救的人是否能增加。"

为了给他们营造一个真实的氛围，我从电脑上打开了音乐播放器，播放着大海里巨浪翻滚的声音。

"开始！"

郭子奇对他们组的成员说："女生先上，男生后上，大家不要挤。"

二组成员按照郭子奇的指挥有序地登上了"救生艇"。还剩下三位男生。郭子奇突发奇想，说："刘政宇，你让赵子墨背着；张鹤松，你让李子胥背着；刚子恒，你背着我。"

"时间到！"

游戏刚一结束，全班响起了热烈的掌声。

"二组获胜，全员得救。"掌声再次响起。

"通过本次游戏，你们明白了什么？"我问。

郭子奇说："我们只有团结、有序，才能取得胜利。"

朱浩天说："在游戏中，二组同学相互帮助，上了'救生艇'的同学把不能上去的同学背了起来。"

"是啊，在活动中，只有我们团结、齐心协力，才能获胜。上次，我们班在啦啦操比赛中获得了倒数第一，是什么原因？"

他们个个默不作声。

张展博慢吞吞地站起来说："我没有认真做，还在队伍里面打闹。"刘晨曦也站了起来："我也是，我光跟张鹤松说话。"

我说："你们能够主动承认自己的过失，说明你们很勇敢，能够认识到自身的不足。只要是集体活动的比赛，看的就是大家的团结，周三要举行跑操比赛，我们能赢吗？"

"能！"

"我相信大家，只要我们同舟共济，肯定能取得胜利！"

在周三的跑操比赛中，我班取得了年级第一名的好成绩。

（山东省滨州市滨城区第五中学小学部　田希城）

15. 今天我在家

　　行规礼仪课 10 分钟，我打算一改往日罗列式灌输安全知识的方法，让孩子们积极地参与其中。于是，我神秘地说："今天，咱们一起来合作，先表演完成一个小故事。"教室里顿时沸腾了，孩子们好奇地睁大眼睛盯着我，满是期待。

　　"兔爸爸、兔妈妈去森林里采蘑菇了，留下小白兔独自在家。突然，敲门声响了，一只饥肠辘辘的大灰狼正站在门外，他要干什么呢？接下来，黄老师要变身成为敲门的大灰狼，看你们这群小白兔如何应对。"

　　话毕，孩子们热烈又兴奋地讨论起来，全都一副跃跃欲试、胸有成竹的样子。我选择了最有胜负欲的母浩然。

　　"咚咚咚——"

　　小白兔："谁呀？"

　　大灰狼："你好，送快递的，白白女士订的她儿子最喜欢吃的胡萝卜饼干到货了。请开一下门。"

　　小白兔："可我不认识你，等会儿我爸妈就回来了，等他们回来，再给你开门！"

　　大灰狼："请开开门吧！等下我还有其他快递要送。"

　　小白兔："那你先放在小区门口，我马上打电话让我妈自己去取。"

　　……

　　多强的防范意识啊，不管我怎么诱惑，母浩然都能见招拆招，怎么都不开门。软的不行，我只能来硬的。

大灰狼:"骗人的小白兔,我早调查清楚了,今天你爸妈不在家,现在我要破门而入了。"

小白兔听到这话,急了:"110,喂,110吗?……"

作为大灰狼的我失败了,可我却分外开心,于是点评道:"真棒,知道在紧急情况下通过打110来保护自己。"

孩子们的兴趣没有减退,依旧窃窃私语:"我用水枪,喷死他。""我准备了辣椒面。""我有木棍,可以敲他!"……一个个都一副嫉恶如仇的样子,仿佛跟不安好心的"大灰狼"大战三百个回合也不够。

示意大家安静后,我问道:"假如生活中真的遇到陌生人敲门,除了拨打110和坚决不开门,你还有哪些方法呢?"

孩子们纷纷出谋划策:"大喊救命!""向隔壁的邻居求救。""丢纸条求救。""打电话求救!"

然而,在家中,不仅会遇到陌生人敲门的状况,还会遇到一些无法预设的危险情况。我顺势一转:"孩子们,陌生人来了,你们能够从容应对,可是万一家中失火,你们知道该怎么做吗?"

孩子们经过短暂的思索后,立马又举起了手。

"朱军行,你来说说。"

"可以拨打119求救。"

"真棒!不过,孩子们切记,拨打119时,需要告知消防员失火的具体地点,比如所处的小区、路名、门牌号码,什么物品着火,失火原因,火势大小。接下来我们就来演练一下通话,好吗?"孩子们踊跃举手,我点到聂垚宇。

"119! 119!"

"喂,你好,需要什么帮助吗?"

"你好,消防员,我家着火了,需要你们的救援。"

"小朋友,请告知我具体哪里着火,地址是哪里。"

"厨房!厨房着火!"聂垚宇焦急地说。

"只说厨房不行。"我大声地说,"我们需要具体的地址。"

全班已经笑成了一团。

聂垚宇明白过来，也大声说："××路××弄××号××室。"

"好，我们马上赶到！"

我惊叹于孩子的学习能力，对聂垚宇竖起了大拇指。

其他同学也想展现自己。这次，我把机会给了谭凌云。

"119，我家卧室着火，火势很大，地点是××路××号。"

"好，小朋友不要着急，消防员很快赶到。"

接下来我要求孩子们两人一组，进行拨打119的电话练习，孩子们投入其中，兴致勃勃。很快下课铃声响了。

"警钟长鸣，安全记在心中！"伴随着铃声，我宣布这难忘的一课结束了。

（重庆市中山外国语学校　黄竹阳）

16. 三脱外衣

"三脱外衣"这个游戏，有些班在写作训练时玩过，主要引导孩子观察同伴的语言、神态、动作，训练孩子写出生动形象的文章。我们五（6）班，大部分家长对孩子的成长都比较上心，管得比较多，可能正因为这样，孩子们在团结协作和积极应对困难方面，反而主动意识不强，行动能力不够。根据实际情况，我以此游戏为载体，上了一节微班会课。

班会课上，孩子们听我说要玩个游戏，都很高兴。我先说明游戏规则：请四位同学上台，同时进行；游戏分三轮进行，第一轮双手脱，第二轮单手脱，第三轮不用手脱；其他同学仔细观察，认真思考；四位同学中，冯禹韬穿拉链夹克，杨婉瑄穿拉链长款大衣，许钰涓穿纽扣外套，钟子瑞穿套头毛衣。

游戏开始。

第一轮，双手脱外衣，孩子们很快就脱下来了。

第二轮，单手脱外衣，穿毛衣和纽扣外套的孩子有一定的难度，速度稍慢。

第三轮，不用手脱，比较难，但四个孩子稍作思考后，马上开始行动。冯禹韬和杨婉瑄的衣服都带拉链，一开始两人使劲低头，企图用嘴巴咬到拉链头，没有成功。他们改变策略，双手缩进衣服，再弯腰把外衣从身上"倒"下来。许钰涓用了九牛二虎之力，用嘴巴解开了最上面的第一颗纽扣，口水打湿了前襟一片。后来她借鉴了"倒"衣服的方法，顺利脱下了外套。

钟子瑞一边喊着"怎么可能",似乎是给自己加油鼓劲,一边弯腰低头,想要把毛衣倒出来一点,好用嘴咬住领子往头上拉,在讲台上一圈圈蹦跶。后来发现无济于事,最终采用了同学们的建议,弯腰,垂下双臂,双脚踩住袖口,双臂慢慢缩起来,袖子终于脱出。他再弯着腰用双脚踩住袖子,人站起来,整件衣服就从头上脱下来了。教室里,掌声,欢呼声,热烈响起。

在意犹未尽的愉悦中,我趁机问道:"游戏第一轮对你们有什么启迪?"孩子们踊跃发言。赵婧妍认为双手配合很重要,可以顺利快速地完成任务。副班长任灵茜谈到了合作很重要,人多力量大。蒋翌楠作为家里的长姐,谈到了健康很重要,每一只手都有它的作用,所以要有健全的体魄。乖乖女丁一菲反思式地感悟到,我们都有一双手,自己的事情自己做。同学们或举手补充,或点头,或微笑,对以上发言都表示很赞同。

这时,刘展硕怯生生地举起了手:"老师,我平常写字总是偷懒,右手写字,左手不配合,经常自由行动,甚至拿着橡皮玩耍,导致字写得很难看。这个游戏给我的启示是,平常写字时要双手合作,才能写出更好的字。今后我写字会进步比较大。"全班同学立刻报以热烈的掌声。

那么第二轮又给了孩子们怎样的启示呢?上台脱外衣的同学先谈感受。他们觉得比起双手脱外衣,一只手也能完成任务,但是做起来很困难:拉链头一端单手比较难以取出;解纽扣时五个手指的功能要重新分配,花很大力气,手还痛;脱毛衣更困难,尤其是脱袖子的时候。班长吕思睿敏锐地指出,作为旁观者,觉得很困难,动作不协调。暖男俞天凡谈到,我们要多关心帮助残疾人与老年人,因为身体某些方面的缺陷或老化,会给他们带来很多不方便。

杨婉瑄捧着脱下来的外套,望着大家,深有感触地说:"我们刚才只是体验到了脱衣服不方便,其实生活中,他们会处处遇到困难,就比如早晨起来穿衣服、刷牙洗脸、上卫生间,还有学习、运动、洗衣服、做饭、买东西等这些每天都要做的日常生活琐事。对于我们来说这些事情都是小事，但对于他们来说就挺难的。当别人有困难时，我们要热心帮助他们，哪怕只是坐公车让个座，哪怕只是伸手扶一把。"

说起第三轮游戏，大家都说太难了。钟子瑞说："我虽然争取到了上台的机会，但其实心里是没底的，觉得不用手脱套头毛衣，简直是不可能的事，平常双手脱都觉得难嘞。但是既然上来了，就一定要想办法完成任务。同学们的热心提醒也帮了我很大的忙，嘴巴、胳膊肘和脚都用上了，腰也痛了，屁股也酸了。"同学们听了，都点头认同，又开怀大笑。

这时班中的智多星王力神又站了起来说："我想，生活中不可避免地会遇到很大的困难，如果遇到了，要想尽办法克服。"他的积极心态以及带有总结意味的话，马上赢得了全班同学雷鸣般的掌声。

"同学们，一个小游戏，多种小感悟。生命之旅很漫长，会遇到无数大大小小的挑战，有些是我们主动选择的，有些则是不得不被动接受的。但是无论如何，只要我们拥有健康的身心、团结协助的精神、积极阳光的心态，生活就会越来越美好！"

望着孩子们闪闪发亮又若有所思的眼睛，我布置了一个作业：今晚的心情日记就写下自己的独特感悟，并把这个游戏带回家，与亲人朋友一起玩。

（浙江省杭州市拱宸桥小学　金蓓蕾）

17. 我有三个爸爸和妈妈

　　这学期，新接手了五（5）班。为了更快地熟悉、了解每个孩子，我将每天下午课前的 10 分钟定为班级交心课，以微班会的形式让孩子们按座位顺序逐一到讲台前跟大家聊聊天，可以说新闻、谈感想，可以讲故事、辨是非，也可以自制 PPT 介绍自己的新发现。

　　这天，轮到小涛了。小涛从小父母离异，且他们各自组建了新的家庭，为他找了新爸、新妈，而他只能被寄养在养父母家里。起初得知这事，在同情小涛的同时，我愤愤不平，怎会有这样狠心的父母！但当与他的家长们分别沟通后，我发现，小涛的亲生父母很通情达理，而且有智慧，为小涛找的新爸、新妈，以及养父母，都是善良实在的人，很疼爱小涛。我不禁又为之庆幸。可在班级，孩子们都感觉父母离异是很丢脸的事，羞于启齿，尤其是小涛，几乎从未听他提及过自己的父母。他会接纳我的意见谈他的家人吗？他能大方地跟大家交流吗？我心里直打鼓。

　　课伊始，小涛低着头，在实物投影下，出示了他的课件——《爸爸妈妈们的功劳簿》，立刻引起了一阵骚动。有文采的他就是这样别出心裁！我快速扫视了下文，惊喜地发现：他接纳了我的意见，里面的三个爸和妈都指代清楚，而不是用爸妈统称。

　　"四年前，我的妈妈带我进到平阳的 9 所小学，为我选择了一所她满意、我喜欢的学校——新纪元学校。"他声音很小，如蚊子嗡嗡般，需仔细听才听得清楚。但我知道，这对小涛来说，已是难能可贵！我边听边点头，表示赞许。

"是的，小涛妈妈给她选学校的故事，过去四年了，小涛没忘，连招生办的主任也没忘。开学没几天，我就在招生办听说了咱班有这么一位用心的妈妈。"我插话道。

"每到一所学校，妈妈都仔细看，用心观察学校里的一切，还常拉住遇到的老师或同学，问问学校的情况。"小涛说着说着声音也响了，"一年级，我们班庆'六一'集体舞需要道具背篓，我的新妈妈知道后，三天内就为我和其他表演的同学一起准备好了。"

我禁不住又说道："这新妈妈对班级事务的热心，都是源于对小涛的爱啊！"

"老师，我妈妈告诉我，这些背篓是他的新妈妈到我外婆村里找人编的！说竹编的比塑料编的轻，跳舞方便些！"一向文静的晨晨也抢着搭话了。

"还有这样的事啊？"我故意狐疑地看着大家，同学们一个劲地点头。

小涛抬起了头，接着说："三年级的一次月休，家长们组织出游，新爸爸请了一天的假，陪我参加，还专门托人包了一辆大巴车。"

"对！幸亏有大巴车，我的爷爷才能参加！"快嘴的鹏鹏一说，其他同学也叽叽喳喳地跟着喊了起来。

小涛高兴了，小脸也因此涨红了，声音也更响了："四年级上学期期末复习时，养母骑着她的'小毛驴'在那么冷的大冬天，把毛毯给我送来。后来，我才知道她被冻得感冒了……"说到这里，小涛眼眶红了，"上个月休，养父母还跟我聊天，让我不要怪爸妈离婚。其实我已经不怪他们了，他们给我找的新爸新妈对我都很好。"

"哇——"下面的同学齐刷刷地看着他，眼里满是羡慕。

"同学们，我分享了爸妈们对我的好，你们有谁也愿意分享吗？"此时的小涛已然是位小主持人了。

小涛邀请了几位同学发言，他们有的也分享了新爸或新妈关心自己的故事。原来，这班还有好几位特殊家庭的孩子。

我作了总结："感情越真，藏得越深。这学期我接到的第一个家长的长途电话，就是小涛爸爸打的。他跟我聊了很多。同学们，让我们谢谢小涛自信、独一无二的成功分享。"

顷刻间，教室里响起了热烈的掌声。小涛笑着向大家鞠了一躬，回到座位上。

"人非圣贤，孰能无过？爸爸妈妈们也会有过失，当他们决定离婚，其实是在接纳自己婚姻的失败。失败没有什么可怕的，离婚也没有什么丢脸的。关键是要像小涛等同学的爸妈那样，勇于承担，努力让今后的生活过得更幸福。"我试探地看了一下小涛，他端正地坐着，眼睛注视着我，毫无避讳。我如释重负："爱父母，就要让父母追求自己的幸福，当你爱的父母过得幸福时，你就是幸福快乐的。让我们把掌声送给像小涛一样懂得真正爱父母，知道感恩父母的同学们吧！"

10分钟的微班会在一片掌声中结束。从那之后，离异家庭的几个孩子不再忌讳谈家庭，谈新家人。尤其是小涛同学，还时常说："我有三个关心我的爸爸和妈妈。"

（浙江省平阳新纪元学校　李明莉）

18. 小纸条的秘密

六年级了，正是期末复习的紧张阶段，学生们都埋头备战，而我在教室外的走道里巡视。一张小小的纸团闯入了我的视线！

我弯下腰，捡起它，小心翼翼地打开。

"我要每天都和你在一起玩！！""你是花心萝卜，我不要！"只见纸条上堂而皇之地写着这样一段对话。

这不是我们班的声乐冠军小吴的字迹吗？难道我们班也不可避免地有了早恋的苗头吗？这该怎么处理？六年级的他们特别警觉，自我意识很强。稍不注意，我就有可能被"集体欺骗"。为了不打草惊蛇，我佯装若无其事地继续巡视着，心里却早已不平静了。

恰好，又到了每天10分钟的行规礼仪时间。我站上讲台："同学们，今天老师想和大家聊聊'飞鸽传书'的来历。想听吗？"童心未泯的学生可特别喜欢听故事，当即将期待的眼神投向了我。

我娓娓道来："《山海经》曾经记载，西王母的身边有3只青鸟，它们能够飞越千山万水传递信息，把幸福吉祥快乐的声音，传递到人间。有一次，西王母给汉武帝刘彻写信，派青鸟把信送到汉武帝的宫殿中。于是后来就有了'飞鸽传书'。"

故事很短，同学们颇有被忽悠的感觉。我笑着说："通过这个故事的提示，请问，飞鸽传书的用途是什么呢？""传递信息！"同学们抢答道。

我话锋一转："听说，咱班这段时间也在风行古人的飞鸽传书。我想知道都有谁在效仿古人。"在我犀利的眼神下，一个，两个，三个……十个学生战战兢兢地站了起来。

"能与大家分享一下飞鸽传书的内容吗？"我追问。

"我是想问他字怎么写？"

"我是在找他借东西！"

"我觉得有些无聊，想找人聊天。"

……

所有回答都没有与我今日意外所获的纸条挂钩。看来，他们都知道我的底线，都知道一个小学生的底线。对于"喜欢与爱""在一起"这类敏感的话题，他们是不会承认了。

怎么办？难道今天的主题就只能这样，以飞鸽传书的利与弊结束，对于我真正担忧的话题不了了之了吗？他们非常了解传小纸条的利害关系，根本不需要我花费精力去教育了。他们真正需要的恰恰是如何面对"早恋"的话题。想到这里，我深深地意识到，不行，得下帖狠药！

我微笑着说："看来，这小纸条的作用确实是大呢！但如果纸条上的内容是这个呢？"我将那张意外收获的纸条投到了屏幕上，"我们来分析一下这张纸条的内容。"

教室里瞬间爆发出了哄笑声。

"你们这是什么意思？"我佯装不解地问道。个别学生的窃笑声更大了，而我向小吴看去，他低着头，耳朵红红的，不知道在想些什么。

是在害怕吗？别怕，孩子！我只是想帮助你！我假装没有感觉到教室里暗潮涌动，问道："孩子们，很多时候，我们会被迫收到这样一些纸条，如果是你，你会怎么办呢？"

学生们对这个问题似乎很敏感，都不愿发表自己的看法，甚至都不再直视我的眼睛。于是，我在黑板上写下了这样的问题：

"你喜欢他的什么？"

"你想为他做些什么？"

"设想一下，你会喜欢他多久呢？"

三个问题，我并没有要求学生们回答。它们静静地躺在黑板上，注视着这些似懂非懂的孩子们。而我也静静地望着他们，只是在两分钟后重复了一遍我的问题："如果是你，你会怎么办呢？"

在我鼓励的眼神下，一个个答案层出不穷，而我也有意地叫写纸条的小吴说了他的想法。此刻他的回答令我欣慰："我们还没有能力去喜欢别人。我们还没有资格去喜欢别人。我们应该做的是认真学习……"

我想，六年级的孩子能意识到这步已经够了。

"孩子们，没有能力、没有资格，该如何变成'有能力''有资格'呢？老师希望大家记住——'不负成长不负卿'！"

敏感话题点到为止。后来我让学生们在下周行规礼仪课上开展了一场辩论赛——飞鸽传书是利大于弊，还是弊大于利！结果当然很不错呢！

后来，小吴悄悄地找到我，和我讲了讲这段时间他的烦恼，我与他约定——"这是小纸条的秘密！我一定不告诉旁人！"我相信在小学高段的教育引导中，引导孩子们自我思辨比满腔热血的演讲效果更好。

（重庆市中山外国语学校　何　林）

19. 生命的印记

    进入六年级，由于面临毕业和小升初的考试，家长都希望自己的孩子努力考上一个好的初中，因此学生压力相当大。

    第一阶段考试后，学生陆续知道了语文、数学、英语、科学四科成绩。一天下午，我正在办公室批改作业，班长突然跑进来对我说："黄老师，你快去教室看看吧，余隆浩用玻璃划伤了自己的手腕！"

    我一听，赶紧跑进教室，卷起余隆浩的袖子查看：还好，没有出血，但有三四道明显的红印记。这不是自残吗？这一在电视、报纸上看到的事情，竟真实地发生在我的学生身上，让我震惊，也让我意识到问题的严重。还算好，没有生命危险，但必须加强教育，杜绝此类事情的发生。

    到底该怎么做呢？下一节课正好是我的语文课。事不宜迟。回办公室的路上，我理了理思路，找了点资料，上课的铃声便响了。

    走进教室，我在黑板上用红粉笔一笔一画写下大大的"生命的印记"。然后郑重其事地说："同学们，看到这五个字，结合班级刚刚发生的事情，你们有什么想法吗？我想先请隆浩同学说说当时是怎么想的。"

    看我一脸严肃，他不好意思地低下头，说："老师，我没有考好，想发泄一下。"

    "想发泄？拿生命来发泄吗？你知道事情的严重后果吗？"我焦急地说，"同学们，你们的学习、生活中肯定也会遇到像这样考试成绩不理想的情况，也会有受到各种委屈的时候，你们是如何排解和发泄自己内心苦闷的呢？"

张奕最先举手说："我会找好朋友说说，得到好朋友的安慰，我心里就好受多了。"

"这方法不错，其他同学也说说看。"

明亮说："我会在课间对着学校操场边的围墙大喊几声，我感觉喊着喊着，心里就舒服了，好像不好的心情就随着声音跑远了。"

立坤也抢着说："我是在自己的日记里倾吐苦闷。过后我有时候看到之前写的日记，也会觉得好笑，不明白当时自己为什么会为那么点儿小事生气。"

"说得太好了，很多我们当时认为过不去的事情，过后回头看简直不值一提。这就告诉我们遇事要冷静，要学会控制自己的情绪。老师这里有一首普希金的诗送给大家。"

假如生活欺骗了你，

不要悲伤，不要心急，

忧郁的日子里需要镇静。

相信吧，快乐的日子将会来临！

"是啊，什么不开心的事情都会随着时间而淡化，我们要学会控制自己的情绪。今天发生在余隆浩同学身上的事情，给我们每个同学都敲响了警钟，值得我们每个同学认真思考：生命是单单属于我们自己吗？"

君翰大声说："我认为生命不仅仅属于我们自己。父母生了我们，养育了我们，我们的生命还属于父母。如果我们不爱惜生命，爸爸妈妈肯定会很伤心难过的！"

"说得好！我们的生命不仅仅属于我们自己，还属于我们的亲人，属于培养我们的老师和朝夕相处的同学。每个人的生命都是唯一的，不要等到失去时才懊悔。我手机里一直保存着一段复旦大学才女于娟在得知自己身患乳腺癌，将不久于人世时，写在日记里的一段话，我读给你们听听吧——"

哪怕就让我那般痛，痛得不能动，每日污衣垢面趴在国泰路政立路的十字路口上，任千人唾骂万人践踏，只要能看着我爸妈牵着土豆的手去幼儿园上学，我也是愿意的……

"孩子们，你们从这短短的一句话里，听到她内心的呐喊了吗？"

方俊眼泛泪光，感动地说："我也在电视上看过关于她的新闻。我听懂了她的呐喊，她不想死，她爱自己的父母、孩子，爱自己的亲人，她不舍得他们。"

"隆浩，你也说说看。"

教室里异常安静，大家都把期待的目光投向他，隆浩低垂着头，声音很轻："我也听到了，她渴望活着。"

说着，他抬起头看着我说："老师，我错了，我以后不会再做这样的傻事了！"

我真诚地说："孩子们，我们要牢记这'生命的印记'带给我们的思考，善待自己的生命，让自己的生命绽放出绚烂的光彩！"

（浙江省平阳新纪元学校　黄有珍）

20. 同学相处话分寸

　　随着北京中关村二小事件的持续发酵，网络上对欺凌、恶作剧进行了详细的阐述。同学之间应该怎样相处，需要把握什么样的分寸，是我们要教给孩子们的相处之道。我所在的学校高年级有一个叫宋××的男孩子，不爱学习，经常打架。但由于他身体的原因，家长也不轻易地管教他，什么都任凭他去做。他常常随意地欺负一些弱小的同学，甚至把一些比较温柔的老师也不放在眼里。政教主任找他谈过几次话，也请过几次家长，但没有一点作用。作为分管德育的我，一直在寻找一个机会，开个微班会，和这个班上的孩子们好好谈谈心。

　　这天上数学课，小宋趁老师在黑板上板书，把同桌的文具盒扔到后面，砸中了另外一个同学的头，于是两个人在课堂上打了起来，教室里乱成了一锅粥。这一幕被巡堂的主任拍下来发给了我。

　　我把在网上查找的一些相关的视频、图片做成了课件，加入了国务院教督办于 2016 年 4 月专门下发的《关于开展校园欺凌专项治理的通知》，教育部、公安部等九个部门 2016 年 11 月印发的《关于防治中小学生欺凌和暴力的指导意见》，并把指导意见中依法依规处置学生欺凌和暴力事件的三条内容摘录下来，录制成音频。

　　到教室后，等到大家都安静下来，我说："我遇到了一个难题，大家能不能帮我想办法解决？"同学们一听老师有困难需要他们的帮助，一个个伸长了脖子听我说。

　　"朋友家里有个小侄女，在一所农村学校读书，因为父母外出打工，家里只有外公外婆照顾她。听说班上有一个男同学经常欺负她，丢她的书、作业本，给她起外号，有时候还故意绊倒她，让她摔跤，在同学们面前出丑。她告诉了老师，老师找了那个男同学，男同学说是闹着玩的。一时老师也管不住他，小侄女现在惧怕上学，惧怕看到这个男孩子，大家说说看，怎么才能帮助她？"

大家你一言我一语地讨论起来，平常喜欢欺负他人的小宋也加入了同学们的讨论之中。

讨论了2分钟后，我就点了小宋起来发言。

小宋嘻嘻哈哈地说："叫那个女孩子找亲戚把那个男同学狠狠地揍一顿，让他尝尝滋味，他就不敢了。"

小宋的发言引来了大家的哄笑，我暗想，这的确是他解决问题的方法。于是，我严肃地对他说："那可千万不能这样做，亲戚如是成年人，那是伤害行为，是违法的。如是未成年人，那就是以暴制暴，也是不行的。"

紫琪说："我想了一个办法，让女孩子的父母把她接到城市来上学，这样就不会被那个男同学欺负了。"

我说："她的父母住的是集体宿舍，不方便带着孩子。"

当大家都感到为难时，我把做好的课件放给大家看，让学生知道国家出台了相关规定对校园欺凌进行专项治理，明白了必要时公安机关可以介入处置。看到这里，小宋对公安机关的介入处置表示惊讶。有的同学小声地议论起来，还有的学生连连点头。

接着我一边播放收集的关于校园欺凌及恶作剧的图片、文字资料，一边让同学们进行辨别判断。教室里顿时炸开了锅，平常调皮捣蛋的覃同学大声说："曾老师，我们以前认为恶作剧是逗大家开心，现在看来不能这样做了，搞不好那就是校园欺凌！"

内向的心雨平时也是饱受男生的捉弄，她小声地说："我平时就最讨厌男生拉我的小辫子，藏我的书和作业本了，真的很讨厌！"几个小个子同学连连附和……

看到同学们情绪激动，我又问大家："在我们的班级里，有没有类似的情况呢？"我看到很多同学都不时地回过头看着小宋。班长阿文则小声回答说："我们班就有。"

以前从来不低头的小宋同学目光躲闪，不敢看任何一位同学，大约他也害怕同学们这时候会举报他，我想我敲山震虎的目的达到了。我继续问："同学们，你们以后遇到这样的情况该怎么办？"非常腼腆的嘉敏同学红着脸说："曾老师，我以后再也不怕被人欺负了。我会主动报告老师、政教主任，或者家长，寻求他们的帮助。"大家也都纷纷表示，以后遇到此类事情知道该怎么解决了。

看到同学们坚定的目光，我对大家说道："那我可以转告小侄女，让她放心了。同学们，以前我们遇到校园欺凌只能独自默默地痛苦地接受，但是现在我们不用再害怕了，国家出台的相关规定就是我们的护身符，学校也知道应该怎么处理类似的事情，我们以后要对被欺凌说不。那些曾经把欺凌他人当乐趣的同学，我相信他们以后不会轻易地冒犯同学了，会把握好和同学相处的度，是吗？"小宋同学长舒了一口气，大声回答："是的。"

好啊，我也舒了一口气。作为学校分管德育的校长，我愿将我的这节下水微班会课与校内老师、与更多的老师分享。

（湖北省宜昌市宝塔河小学　曾凡琴）

21. 鹬

开学伊始，新生军训进行不久，有家长来电说，孩子晒黑了，受不了累。偶尔接到家长电话，想跟孩子说说话，孩子接过电话，竟哭得稀里哗啦，我只好拿回电话，但还可以听到电话另一边的抽泣声。我想说什么，但细想，人之常情，怎么能怪他们呢？

忽然，我想起皮克斯的动画片《鹬》，好像能帮助家长明白些什么。于是，我在班级家长微信群里发了链接，家长们赞声连连，后来电话联系孩子的也少了。

我决定也找个时间请孩子们看看这个片子，跟他们聊聊。

班会课上，《鹬》播放后，同学们很感兴趣，也觉得很有意思。

这是一个唯美、温馨的故事。一只破壳不久的小鹬，在妈妈的指导下，在小蟹的热情鼓励下，经历重重困难，努力克服恐水症，终于在海浪肆虐的沙滩上快乐地觅食……

"从这个动画世界里，你看到了自己的影子吗？"我的一句话让同学们开始了沉思。

光熠随即举手说："看着鹬妈妈把小鹬推向外面的世界，我想起了爸爸教我游泳时的情景，他松手，结果我呛水了，呛着，呛着，我就学会了游泳。"同学们笑了。

致轩笑着说："光熠的爸爸那是放手，他学会了游泳，而我爸爸总牵着我，我到现在也不会。"他一脸不好意思，"动画中鹬妈妈的引导，不就是光熠爸爸的放手吗？小鹬虽然呛水了，但他成长了。"

"很好，致轩同学找到了动画和生活的契合点，从中有了自己的思考。你呢？"我把目光投向了刘恺。

刘恺挠挠头，说："老师，动画里的小鹬让我很有感触，我们现在从爸爸妈妈身边离开，过寄宿生活，就好像鹬妈妈把小鹬推出温暖的巢，推向海边。"

"小鹬起初只想待在鹬妈妈身边等着妈妈喂食，虽然看到外面新奇的世界想出去，但还是不大情愿。后来看到同伴在海边生活的场景，便飞快跑向海滩学着大家的样子觅食。此时海浪打来，小鹬一开始没有什么意识，当经历之后才知道恐惧。"真言举手说，"这次军训，我们开始充满了新奇感，但一天之后，大家叫苦叫累，有的落泪，甚至还有人想打退堂鼓。若大家不能面对军训的磨砺，就不能有类似小鹬成长的经历。"

"是的，东谕不小心把腿摔了，他可以休息，但他没有放弃军训，而是勇敢地面对，东谕是'小鹬'。"晓东说。

同学们纷纷举手表达自己的看法。

"小鹬从小蟹那里学会了如何面对海浪，领略到了海浪里别样的世界。我们碰到困难也可以从同伴那里得到启发，比如同伴的坚韧、乐观等。"

"是的，我本来想退缩，可是看到旁边同学汗不断滴，仍一动不动，我要向他学习。"

"我感到小鹬的妈妈懂得放手，而我爸爸妈妈什么都帮我打理好，军训前整理床铺、叠被子、整理课桌等，全都做了，我感到轻松，可他们回去后，我什么都得从头来。"

"天天在校门口等着就为看孩子一眼的家长应该向小鹬的妈妈学习学习了！"

同学们都争先恐后地表达自己的看法，我提议大家在刚才发言的基础上再作点深入的思考："想想，还有什么触动了你！刚才有同学说成长，还有其他吗？"

"是的，我们应勇敢地面对生活，勇敢地去尝试自己未知的东西，这样才能成长。"

"亲人的爱，我们要有度享受，在溺爱中难以成长。"

"学会融入，从他人那里得到生活的启迪。"

"在磨砺下的成长，才是真正的成长。"

"拒绝舒适，走向未知的成长。"

听了同学们的交流，我兴奋地说："《鹬》这个动画短片感动了我们，有空时再看看。这部皮克斯公司花费三年时间精心制成的六分钟微电影，细细品味，你会领略更精彩的世界！"

（浙江省平阳新纪元学校　刘志勇）

22. 十秒拍手

期中考试结束后，各科老师都来跟我反映，我班学生学习积极性有所下降，对待学习或多或少有点懈怠。听了以后，我心里很是焦急。我心想一定要想办法激发孩子们的学习积极性，让他们重新焕发学习的热情。

左思右想，方法有了。

班会课上，将班级事务一一处理后，还有 10 分钟左右的时间，我在屏幕上打出一个问题，问学生：1 秒钟，嘀嗒两声，我们正好拍两下。这样算来，10 秒钟，我们能拍多少下？

学生们异口同声地回答道：20 下。

"好的，我们看看 10 秒钟到底能拍多少下。"我笑了笑，继续说："我要做个动员，老师希望你们要挑战自己，10 秒的时间，尽自己最大的努力。越多越好，越快越好！"

我点开课件，学生们开始了拍手游戏。只见他们一个个全神贯注、铆足了劲地拍手。"3，2，1，停！"同学们都停下了手。

"请告诉老师，你们拍了多少下啊？"

"45""50""51""54"……

我笑着说："同学们拍得都很好，数字都有点出乎我们的意料。现在我们来分享一下，为什么你们拍的都比预期的数字多呢？"

"我很认真！""我全程没有停顿。""老师说越多越好，所以我想要多拍点。""我拍的时候，动作是这样子的。"同学们七嘴八舌，有的还边说边给我演示。

我称赞道:"你们说得都很好!要拍得多,我们都有明确的目标,可将拍手的方法改进一下,当然在游戏开始时就得抓紧,游戏结束时还要冲刺一下,最重要的是在整个过程中,我们都铆足了劲。你们说是不是?"

同学们纷纷点头表示赞同。

我又问道:"为什么今天老师要让你们做这个游戏呢?"

学生们摇摇头。

"那是因为老师发现我们班的同学,最近都有点不爱学习了,对待学习有点懈怠,没有像期中考试前那样认真了。"

听了我的话,不少同学低下了头,像做错事的孩子,等着我的批评。我走下讲台,拍了拍几个学生的肩膀,鼓励说:"只要你们有明确的目标,改进自己的方法,相信下一次考试你们会取得优异的成绩!"

我对学生们做了个"加油"的手势。学生们也纷纷做了个"加油"的手势。

"同学们,如果再给你们一次机会,你们觉得自己会拍多少下呢?"

"60""76""80"……

"100。"班级里最调皮的朱熠伟大声说道。

我马上示意他站起来,问道:"你的目标是 10 秒钟里面拍 100 下,目标好高啊,那你有没有信心完成?"朱熠伟看着我,坚定地回答:"100 下不是很难,我肯定能完成。"

游戏开始了。学生们个个铆足了劲,拼命地拍。

"3,2,1,停!"时间到了。

"67""58""60"……学生们开始兴奋地报数了。

我示意他们安静:"老师这次不要听你们的次数,只想知道你们有没有完成你们之前为自己定下的目标。完成的同学请举起你们的手,让老师看一下。"

学生们争先恐后地举起手来,我数了一下,班级中将近有三分之二的学生完成了自己的目标。没有举起手来的同学都耷拉着脑袋，像一只只斗败的公鸡。

我特地问了下朱熠伟。"你有没有拍满 100 下？""没有。""那你这次有没有比第一次拍得多呢？""多了 18 下。""你看看，你进步还是很大的，在 10 秒钟的时间里，超过了第一次 18 下。这是很大的进步，老师觉得你很棒！可你知道你为什么没有完成目标吗？""不知道。"

我转而面向全班同学，问："你们知道朱熠伟为什么没有完成自己定的目标，没有成功吗？""他定的目标太高了。"同桌黄欣悦说道。我接着黄欣悦的话，继续说："对，他的目标定得太高了。我们每一个人不管在生活中还是在学习中，都应该为自己定一个目标，然后朝着这个目标不断地努力，坚持不懈直到成功。但是，我们在设定目标的时候，要切合实际，不能定过高的、不符合自身的目标。因为那样，我们不但完不成，还会常常感觉到失败，长此以往会气馁，会失去对学习的热情。"

朱熠伟不断地点头。

"老师给你们两天的时间，每个人都为期末考试定一个短期的小目标，要符合自身情况。"

我稍作停顿，说："通过第二次拍手游戏，老师还想告诉你们，在我们的一生中，有些事情是可以有第二次重来的机会的，而有些事情是没有第二次机会的，所以希望同学们珍惜当下，好好努力！"

微班会结束了。你看孩子们，三三两两地围坐在一起讨论题目；你看班长在帮周佳怡讲解数学题；你看刘浩和屠张亦凡拿着英语书结伴去英语老师那背书……啊，我可爱的积极向上的孩子们回来了，他们又重新踏上了学习的新征程。

（上海市奉贤区古华中学　吴叶青）

23. 合理归因，积极面对

我所在的学校是一所省重点中学，生源很好，但是"强中自有强中手"，在第一学期期中考试之后，班里部分原本在小学出类拔萃的学生很受打击，信心减退，状态低迷，情绪消沉。我虽然也很着急，但多年的班主任工作经验告诉我，这也是一个宝贵的教育契机，是时候恰当地引导学生了解"合理归因"，进而"积极面对"了。

于是，班会课上，我讲了这样一个故事：有一个人因杀人进了监狱，这个人有两个儿子，若干年以后一个儿子也因杀人进了监狱，另一个儿子却事业有成，成为一个集团公司的总经理。有人分别问这兄弟俩，是什么原因让他们走到今天这一步，不料他们说了一句同样的话。

"请同学们猜猜看，他们说了一句怎样的话呢？"

我的问题一提出，学生"脑洞大开"，甚至出现一些"奇葩"答案。这时，刘思琦站起来，沉稳地回答："老师，我觉得应该是'谁让我有这样的一个父亲呢？'"

我对这个回答很满意，让同学们讨论一下为什么会出现这样的情况。教室里一下子静了下来，同学们若有所思地咀嚼着这句话的含义。

刘思琦的回答像一粒火种，点燃了同学们的思维，大家很快达成共识，两个儿子对自己不同的生活走向，所作出的回答看似相同，却有着本质的不同：一个把自己生活失败的原因，归结于自己受了杀人犯父亲的遗传，不可能会有好的作为；而另一个把自己人生成功的原因，归结于通过自身的努力去改变家庭环境这一先天不足的信念。

"这就是'归因'的不同。"我告诉孩子们,"'归因'是一个心理学概念,指的是人们在行为过程中所进行的因果解释和推论。心理学家韦纳把影响人的行为和结果的原因归结为以下几个方面:能力、努力、任务难度、运气等。并且,他把这些原因进行了分类:从来自内部和外部将它们分为内因和外因,从能不能为我们个人意愿所控制将它们分为可控和不可控。"(课件展示下表)

归因类别	成败归因向度			
	因素来源		可控性	
	内	外	可控	不可控
能力	√			√
努力	√		√	
任务难度		√		√
运气		√		√
其他				

"那么同学们想不想知道自己的行为归因属于哪种类型呢?请大家做一个自我测试,了解影响自己学习的原因,如果你认为符合自己的情形,请在题号后面打对号。"

我提前为每位学生打印了一份资料,大家拿到后开始迅速地作答。

学习成绩不理想,是因为:

1. 家中无人指导我解答疑难作业　　　　　　　　　　（　　）

2. 学习科目过于枯燥　　　　　　　　　　　　　　　（　　）

3. 家里环境差,没法学习　　　　　　　　　　　　　（　　）

4. 父母不关心自己的学习　　　　　　　　　　　　　（　　）

5. 班级学习风气不好　　　　　　　　　　　　　　　（　　）

6. 学校令人讨厌　　　　　　　　　　　　　　　　　（　　）

7. 老师的教学方法不适合自己 （　）

8. 运气不好，复习的内容总不考 （　）

9. 考题总是太难 （　）

10. 不喜欢任课教师 （　）

11. 平时养成了懒散的习惯，不愿学习 （　）

12. 没有有效的学习方法 （　）

13. 情绪不稳，常被无端情绪干扰 （　）

14. 缺乏恒心和毅力 （　）

15. 不会妥善安排学习时间 （　）

16. 学习基础不好 （　）

17. 自己努力不够 （　）

18. 身体不佳，无法集中精力学习 （　）

19. 对学习没有兴趣 （　）

20. 本身能力不够 （　）

　　同学们饶有兴趣地答题。我又说："在你所选的内容中再选出五个最主要的，并依照重要的次序填写，写题号即可。如果你认为还有其他原因，请写在后面。我们再作个统计：1—10中所选的有几个，11—20中所选的有几个。如果你倾向于更多地选择前10个，那么，你是一个外部控制的人，也就是说你习惯于把事情的成败归因于外部；如果你所选的大多是后10个，那么，说明你善于从自身寻找成败原因，你是一个内部控制的人。最后，请同学们给自己作一个鉴定：我是一个内部或外部控制的人。"

　　等同学们都有了答案，我接着说："如果我们将成功和失败大多归因于'内部'或'可控'的因素，这就是积极的归因方式，对你的成就状况有积极的促进作用。因为将成功归因于能力强会使你产生自豪的体验，强化对未来成功的期待；将失败归因于努力不够，会使你坚信成功可以通过努力获得，建立对未来成功的信心，并激发内在的学习动机。而将失败归因于运气差、缺乏能力等其他因素，则是消极的归因方式。因为将失败归因于缺乏能力会使你自卑和羞耻，对未来成功缺乏信心，忽视努力在成功中的作用，面对困难、挫折和失败缺乏坚持性。"

"所以，我建议大家学业成功时告诉自己这是因为'我很努力''我复习得仔细''我准备很充分'等，而不是'我比别人聪明''我运气好''题目简单'等自己不可控制的因素，从而增强自信，并在以后的学习中更加努力。"我增强了语气说，"而学业失利时则告诉自己这是因为'努力不够''学习方法不当''准备不充分'等，而不是'我不够聪明''我不是读书的料'，从而避免打击自信，并且对下次行为的结果形成乐观的预期。"

最后，我强调："你们一定注意到了这一点，'努力'是四个归因类别中唯一可控的因素。这给我们什么启示？不是有那么一句话嘛——'接受你不能改变的，改变你能够改变的！'在学习上，只要你们努力改良方法，努力改善态度，努力改进效率，你们没有理由不进步。因为你们都是通过选拔进入咱们学校的优秀选手，能力毋庸置疑。只要自己不放弃，成功就在不远的转弯处向你招手！"

（陕西师范大学附属中学　杨　兵）

24. 收获习惯

　　阅读课后，读书角的书像是散落的花瓣，杂乱不堪。学生们在一旁笑着闹着，全然没有理会书籍的哭泣。

　　我看着这些凄惨的"受害者"，心想：难道要让这种不好的习惯一直持续下去吗？不！

　　想到之前在网上看到日本学生在泰国清迈机场候机时看书的照片，我不由灵机一动，那么，就从这开始吧。

　　班会课上，我在屏幕上打出了这张照片，问学生们："你们知道这张照片吗？"

　　许多同学茫然地摇头。看着他们无措的表情，我微微一笑，向他们介绍："这是日本学生去泰国清迈旅游，在机场候机室看书的照片。如果换作是你，你在候机时，会做什么呢？"

　　全班像炸开了锅一样，回答五花八门，"玩手机、iPad""睡觉""和朋友聊天""逛商店""吃零食"……

　　我继续问："那照片里的日本学生在做什么呢？"学生们异口同声地回答道："他们在看书。"

　　我欣然道："对。请再仔细看看这张照片，你能否用一个词语来形容一下他们看书的状态？"

　　一个个形容词飘进我的耳朵："认真""专心致志""安静""聚精会神"……

　　我赞许地点点头："那你有什么感悟吗？"

学生们沉默了。

班长叶倚宏站起来，认真地说："我们不应该只顾着玩，要学习，就如冰心说的，要多读书，读好书。"一阵掌声响起。

最调皮的马宇航也是一本正经地说："读书的时候要认真，不要被环境影响。"

我竖起大拇指，称赞道："你们说得很好。"环视全班，学生们正一脸认真地看着我，等着我的总结，我笑笑，"人的行囊中都应该有一本自己喜欢的书，读书时要聚精会神，这便是读书的好习惯。"

接着我给学生们介绍了一张拍摄于2011年日本东部大地震时的照片。"我们都知道日本是地震多发的国家。可你们看，照片中的人们都自觉地躲避在道路两侧，让出通道方便救援人员通行。"学生们仔细地看着这张照片，陷入沉思。

我感慨地说道："一千多年前，日本国派出遣唐使到中国来学习，但是这些年来，我们有许多地方做得不够好，而日本有许多地方做得真好。"

我继续说道："1964年，日本东京举办的一场奥运会被称为'留下传说的一次奥运会'，你们知道为什么吗？"学生们眨巴着眼睛看着我。

"观众离场后，人们发现，日本观众坐过的区域竟没有留下一点纸屑，这说明什么呢？"

这时，卫毅凡举起了手："他们有良好的习惯。"

"对！"我非常欣赏他的灵活，说明他正在迅速吸纳我的指点。"同学们，现在请看看自己脚下的地面。"同学们纷纷侧身，有的赶忙弯腰捡起地上的纸团，随后端坐在位。

我满意地看着他们的些许改变，说："我们从这些照片中了解到，有良好的习惯是非常重要的。好的习惯就是人们走向成功的钥匙，而坏的习惯是通向失败的大门。美好人生的基础是良好行为习惯的培养，不管是美好的品德，还是较强的学习能力，一切都基于良好习惯的培养。从你们的坐姿中，我已经看出你们正在改变，你们很棒。那么，我们该怎样养成良好的习惯呢？”

学生们争先恐后地举起了手。

“作业要独立完成，不能抄袭，不懂去请教老师或同学。”

“做事不拖拉，及时完成当天的任务。”

“自己的事自己完成，要有责任感，同时也要为班级着想。”

“图书要整理好。”

……

微班会很快结束了。播种行为，收获习惯；播种习惯，收获性格；播种性格，收获命运。相信学生们会摒弃不良的习惯，收获累累硕果。

（上海市奉贤区古华中学　杨蓓蕾）

25. 坐而言不如起而行

初一的学生，随着课业压力增大，越临近期末，越焦虑、彷徨、不知所措。很多学生无法很好地约束自己，迷茫而找不到出路。他们习惯于"规划""幻想"，而缺乏执行力。于紧张的期末复习之际，我特意召开了一次微班会。

我先播放了一张图片，然后问学生："池塘边的荷叶上蹲着 3 只青蛙，其中一只很向往池塘里的水，想跳下去畅游。那么问题来了——现在叶子上还剩几只青蛙？"

钟王超立刻回答："还有 3 只。"

我问为什么。他说因为这只青蛙只是想跳，但并没有跳。

我问其他同学是否同意，大家也都说是 3 只。我点点头："非常好，确实还剩 3 只，因为空想而不付诸行动，并不能改变现实。"

然后我又播放了另一张图片："有一个年轻人，叫柯莱特，他于 1973 年考入了哈佛大学。经常坐在他身边的同学，也是一个美国青年。大二那年，这位小伙子邀请柯莱特一起退学，合作去开发 Bit 财务软件。如果你们是柯莱特，会怎么选择呢？"

大部分同学都说不能退学。我点点头说："没错，人之常情，柯莱特也是这样想的。因为他好不容易来求学，怎么可以轻易退学？更何况那项研发才刚起步。柯莱特认为时机尚未成熟。要开发 Bit 财务软件，必须读完大学。但他的那位同学还是选择退学，怀揣梦想去创业了。"

"10 年之后，柯莱特按预期成为 Bit 领域的高手，而那位退学的小伙子，在这一年跻身于美国亿万富翁的行列。"

"而当柯莱特拿到博士学位之时，那位曾经的同窗则晋升为美国第二大富豪。那么故事是不是就到此结束了呢？"

同学们异口同声答道："没有。"

我笑道："你们都懂我的套路了。转眼到了1995年，大家算一下，从当初算，多少年过去了？"

"22年。"同学们大声地说。

"22年之后发生了什么呢？这时候柯莱特终于认为自己具备足够的学识，可以研究并开发Bit财务软件时，那位小伙子已经绕过Bit系统，开发出Eip财务软件，其速度比Bit要快1500倍，而且在两周内，这个软件便占领了全球市场。这一年，他成为世界首富，他的名字叫作——"

随着PPT上呈现出的图片，同学们一起高喊"比尔·盖茨"。

"对，你们很聪明，一说世界首富，都知道是大名鼎鼎的比尔·盖茨。那这个故事告诉我们什么呢？"

同学们的回答五花八门。我点评道："柯莱特认真、努力，学有所成，也是让我们羡慕的优秀人才了。但比尔·盖茨无疑更是成功人士，优秀、果敢、行动力强。他的事迹告诉我们，做了，不一定成功，但不去做，一定不会成功。因此，成功人士和普通人最大的区别就是——行动。那么再请大家想象一下，假如你也成了比尔·盖茨，有一家银行每天早上都在你的账户里存入＄86400，可是每天的账户余额都不能结转到明天，一到结算时间，银行就会把你当日未用尽的款项全数删除。这种情况下你会怎么做呢？"

周叶绍说要把钱转到其他银行，林明欢说要把钱取出来每天看着。我笑着肯定他们的"主意不错"，我说我会选择全部花掉。"其实我们每个人都有这样的一个银行，它的名字是——时间。但你能转到其他银行或者取出来吗？每个人每天都拥有86400秒，而这86400秒，就像灰姑娘的水晶鞋，到了零点，一切化为乌有。如果你花了，就赚了，如果没用，就亏了。"

这时全班鸦雀无声，大家都没有意识到原来自己每天这么"富有"，而很多天天都在做"亏本"生意的同学更感到震惊。

　　我接着说："我们几乎每天都可以听到这样的声音：'如果我好好坐在教室里学习，第一名早就是我的了！''如果我当时能再认真一点，年级前几名一点问题也没有。''如果……'而事实如何？说这话的人学习既没有努力，也没有认真。他们在有了想法的同时，没有采取相应的行动，所以，最后他们只能用'如果'来安慰自己。古人有云：'坐而言，不如起而行！路虽远，行则将至；事虽难，做则必成！'离期末考试还有20天，在剩下的时间里，你还有什么理由迟到、上课讲话、不交作业、不背单词？你还有什么理由随便说话，既影响自己，又害了别人？同学们，人生只有走出来的美丽，没有等出来的辉煌！期末考试在即，从此刻开始，奋斗吧！每天问一问自己：'今天，我赚了吗？'"

　　学生们静静地坐着，若有所思。我知道他们头脑中经历着一场强烈的风暴。

（浙江省平阳新纪元学校　梁黔苹）

26. 学习一定有妙法

　　午自修时，教室里同学们有的在背诵古诗，有的在订正做错的数学题，有的在默写英语单词，忙忙碌碌；但也有一些同学东张西望，翻书，翻卷子，似乎定不下心来做一件事。

　　随着期末考试的临近，班级里两极分化的现象比较突出，成绩好的同学正忙中有序地复习巩固，为考试作准备；成绩不理想的同学，反而处于松懈的状态，新授课程结束了，面对复习，他们感到茫无头绪，无从下手。还有 20 天的时间，怎么帮助他们提高复习效率呢？

　　放学后，我召集班干部和课代表开了个短会，讨论如何解决这个问题。班干部们非常积极，自告奋勇地说回家后会思考总结复习的方法，并决定利用第二天 10 分钟队会向小伙伴们介绍学习的妙法。看到孩子们这么积极，我特别高兴。

　　第二天，学习委员王子文主持了活动。她首先分析了班级存在的问题，比如作业不做或经常漏做，默写不通过且没有订正，不同学科的课堂表现不同等。被点名批评的孩子惭愧地红了脸。孩子们每天生活学习在一起，他们的观察确实更加准确到位，友善的批评也能让对方心悦诚服。

　　接着，王子文问："大家想知道复习的好方法吗？""当然想啦！"同学们异口同声地回答。"那么就请我们三大课代表来给大家介绍介绍吧。"

　　语文课代表朱绍聪走上讲台，说："语文有不少需要背默的古诗词，我先给大家介绍两种有效的记忆方法：'齿颊留香'诵读记忆法和'神游天外'联想记忆法。'齿颊留香'，就是要体会经典诗文在形式上的美感。比如'造化钟神秀，阴阳割昏晓。荡胸生层云，决眦入归鸟'，诗句中对偶和押韵用得很棒。对偶，结构上工整，押韵，语音上回环。反复读，仔细品，会觉得齿颊留香，也就容易记住了。'神游天外'，就是在吟咏的时候放纵自己的思想，展开合理的想象，比如'日月之行，若出其中；星汉灿烂，若出其里'，又如'我想他们此刻，定然在天街闲游。不信，请看那朵流星，是他们提着灯笼在走'。想象美丽的画面，抓住关键词，一定会强化记忆。"

朱绍聪又说："我们班级里有些同学，总是懒得读，不愿背，为了实现共同进步，我建议开展小组评比争章活动，全班五个小组，每天默写全员通过的小组获得一枚'勤学章'，哪个组只要有一个人不通过，就得不到章。考试前比一比，大家觉得怎么样？"这个想法得到了大家的认可，也激起了各组的斗志，那些平时不爱背书的孩子应该是感受到了来自同伴的压力，他们也不想拖小组后腿啊！

英语课代表李香琪随后走上讲台，她先问了大家一个问题："同学们，你们知道英语每天要复习些什么内容吗？"

"要背书。""要做题目。""要练习听力。"同学们各抒己见。

"我把复习阶段每个单元要完成的学习任务列成了表格：默写单词、背诵课文、习题对讲、英语写话，每个同学有一张专属表格，十个单元的复习任务一目了然。"李香琪高高地举起手中的表格说。她提议用"团队合作法"来完成复习任务，同伴两两结对，每完成一项任务，就在对方的学习任务单上打钩签名。

看着这张表格，我惊喜于孩子的干劲和创造力，表格上列出的内容就是一项项学习任务，而"任务驱动法"正是英语复习的有效方法之一。

最后，数学课代表黄海涛向同学们展示了他整理好的重要的数学公式："请同学们看一下这些我们必须掌握的数学公式，接下来我会利用早读和数学课预备铃响后的两分钟时间带领大家一起背诵。同时大家可以采取'错题归类法'把自己易错的题目整理出来，我们帮助大家攻克易错题。"

"太好了，我正为这些不会的错题发愁呢。""是啊，是啊，我总是不会运用公式来解题。"几个同学小声议论着。

听完这些小老师的妙法，孩子们的积极性都被调动起来了。短短的10分钟，他们收获了很多，找到了复习的方向，了解了主要学科知识复习的内容和任务，感受到了来自同伴的鼓励和互助的力量。

最后，我走上讲台，鼓励全班："孩子们，今天老师真开心。主动学习多实践，学习一定有妙法。让我们一起来努力吧！"

（上海市虹桥中学　许蓉蓉）

27. 雾 霾

连日来，西安雾霾严重。2016 年 12 月 19 日，因雾霾严重超标，市区教育部门统一安排中小学校暂时停课。可是我看到班里有些同学竟然很高兴，因为可以不用上学了。对学生的反应我虽然可以理解，但还是觉得有必要引导他们正确认识雾霾。

复课后，有一部分学生确实是玩疯了，作业一大堆没有写。刚好下午有德育微课时间，我平静地走进教室，班长问我："老师，今天的微课主题是什么？"我说："今天咱们欣赏欣赏风景。"班长显得很惊讶。

同学们坐得端端正正，等待着我训话，因为他们知道这天早上有好几个人没有完成作业，估计我今天要说的肯定是作业的问题。

然而，我却说："孩子们，今天咱们欣赏欣赏风景。请大家看看外面的天空，看看远处的高楼，看与前两天的天有什么不同。"

学生开始七嘴八舌地说了起来："今天雾霾散了。""今天可以看到远处的高楼了。"……

"是的，下面请大家观看我以前和最近搜集的一些照片。"我播放PPT。

以前的照片蓝天白云，阳光明媚，高楼林立，树木郁葱；冬日的原野，薄雾轻笼，屋舍俨然，仿佛置身于童话世界。同学们静静地欣赏着。但随之而来的一组照片让同学们的表情开始变得凝重。天空灰蒙蒙的，似乎什么都看不清，只有不远处一点橘色的灯光透过浓浓的雾若隐若现。人们出门时都戴着防毒面具一样的口罩，雾霾笼罩了城市，一片灰色。

照片播放完了，我问学生："看了这些照片，你们说雾霾给我们的生活带来了哪些不便？"

李梓伊想了想，站起来说："因为雾霾，人们的健康受到威胁，最近患支气管炎的人明显增多，而且我们班最近咳嗽的人也很多，已经影响到了正常的学习。"

同学们纷纷点头。王雨薇补充道："我妈妈在医院工作，听说医院呼吸科已经人满为患了。"

韩雨杉激动地说："因为雾霾，我们不能正常上学，耽误了我们的新课进程，也会影响明年的中考。"

体育委员杨维嘉接着说："因为雾霾，我们不能正常地进行体育锻炼，身体素质会越来越差。"

我追问道："那我们该以什么样的态度对待这个事情呢？"

李佳宝说："我想到了我们的国家在治理雾霾时，不能只是治标不治本，我们应想方设法地治理重污染企业，开发新能源。"

王彦弼说："我想到了雾霾如果不及时治理的话，我们可能也会像当年伦敦一样，有很多无辜的生命死于雾霾。英国伦敦的那场大雾在短短五天内就夺去了4000人的生命，在之后两个月内就夺去了8000人的生命。我们是不是该想想如何去改变这种现状。"

李鑫玉说："我想到了如果我们每一个人都有一种保护环境的责任感，都履行低碳环保的出行理念，我们的环境一定会有所改善。"

我说："孩子们，你们从不同角度谈了自己的看法，表达了对雾霾治理的强烈愿望。但是，我们目前该怎样对待呢？"

"我们应该理智对待。"闫泽文说。

"对，面对雾霾，我们必须理智对待。雾霾的出现警告了我们每一个人：自然环境破坏了，我们将无法生活。但是由于缺少经验，缺少正确的认识，我们已经付出了惨痛的代价。雾霾就是大自然对我们的惩罚。所以，我们要加倍珍惜身边的环境，用我们共同的努力减少污染，让我们的空气变得纯净起来！"我恳切地说，"因为雾霾，我们不得不停课，但是有人短暂欢呼，这是心中有了雾霾。要彻底解决雾霾，我们更需要学习。所以，当我们停课时，不要欢呼放松，真正该做的，还是重归书本、重拾经典、重回生活。所以，从现在开始，让我们积极行动起来，努力地学习，用科学还大自然一方蓝蓝的天，还我们一个无污染的学习环境，从此远离雾霾！"

（陕西省西安交大阳光中学　肖改艳）

28. 学给爸妈做次饭

　　初二第一学期期末考试前，我发现班里的孩子开始明显叛逆，他们心里有什么话不愿向父母说，对于父母的批评和劝导不像以前那样听话了，甚至抵触、不顺从，比较任性，不太懂得感恩。作为班主任，我需要引导学生感悟亲情，善解父母，感恩父母，鼓励他们以实际行动尊重父母，孝敬父母。

　　我想起以前曾看过的一部微电影《天堂的午餐》，准备给他们一次情感上的震撼。

　　班会课上，我将《天堂的午餐》放给孩子们看。这个短片讲述了一个很爱自己儿子的母亲每天都给儿子做饭，而儿子却始终不重视母亲的爱。渐渐年老的母亲最大的心愿就是能吃到儿子做的饭，儿子却总说等母亲老了以后天天给她做饭。然而，突发的疾病残忍地夺去了母亲的生命——她在买菜回家的路上因脑溢血离开了人世。失去了才懂得珍惜。这天，儿子特意做好了饭菜，却只能和母亲的遗像共进晚餐，在潸然泪下中将迟到的晚餐送往天国。

　　播放到最后，有些孩子竟在默默拭泪。

　　看着孩子们婆娑的泪眼，我轻声问他们："你们看完后想到了什么吗？"

　　唐渔夕说："我想到了平时对父母总是不耐烦，现在有点后悔。"

　　夏思颖说："到现在都是父母做饭给我吃，我从来没有想过为他们做一顿饭。"

哭得最动容的吴怡然说："我现在就要好好去孝顺父母。"

聆听这几位同学的心声后，我也感慨地说："我想你们的父母听到这些话后会感到欣慰的。是啊，'树欲静而风不止，子欲养而亲不待'，这是每个人都不想遇到的问题，我们生活在幸福之中却不懂得感受幸福。那么现在我想问下在座的同学，虽然我们每天和父母生活在一起，但我们真的了解我们的父母吗？现在我作一个现场小调查：你知道父母的生日吗？"

唐俊杰惭愧地说："我妈好像是3月份，我爸就记不清了。"

谢昊宇不好意思地挠着头说："都是他们给我过生日，他们从不过生日，所以我也不知道。"

宋佳含羞地说："我不知道。"

周梦晗笑着回道："因为我爸是国庆节出生的，所以我知道他的生日是10月1日。"

全班哄堂大笑，我示意大家安静下来，说："这几位同学的答案都不够理想，你们对父母不那么关心，但是你们的父母时时刻刻都关注着你们。"

我故作神秘地从口袋里拿出自己的手机，说道："接下来的这段语音来自在座的一位母亲，请大家静下心来听完。"

"孩子，当你还很小的时候，我和你爸爸花了很多时间教你慢慢用汤勺、用筷子吃东西，教你系鞋带、扣扣子、穿衣服……这些和你在一起的点点滴滴是多么令我们怀念不已……现在你长大了，请你理解我们，对我们要多一点耐心，不要嫌我们终日唠叨。其实我们要的并不多，只要你时刻牵挂着我们，给我们倒杯茶、做顿饭、说说话，我们就十分开心了。"

听完语音，座位上的宋佳已热泪盈眶。

我语重心长地说："这段语音是宋佳妈妈留的，宋佳应该听出她的声音了。其实这些话不仅仅是她母亲说给自己的孩子的，也是天下所有父母的心声。给父母倒杯茶、做顿饭、说说心里话，把孝顺和感恩付诸行动。如今正值寒假和新春佳节来临之际，老师给你们布置一个'小作业'——学给父母做次饭。可以简单煮碗面条、包个饺子、炒个青菜等。别忘了寒假结束后告诉我都做了哪些菜以及父母的反应，相信这是他们最喜欢的新春礼物！"

（上海市奉贤区古华中学　姚昊斌）

29. 抓住时间去读书

早操后，路过学校的公告栏，那里围满了叽叽喳喳的学生们。原来是学校读书节评比结果出来了。环视一圈，没有看到自己班级的学生在看，是他们看过了，还是没有关注？

回到教室，学生们正在作课前准备，我实在按捺不住，便问道："你们有没有看到读书节的比赛结果？咱们班的战绩如何？"

学生们并没有强烈的回应，零星有声音传出："哎呀，我们班写读后感不行的。""哪有那闲情逸致看书啊。""就是，就是，我作业都写不完呢。"……

回应的虽少，但足以解开我的疑惑。看着忙碌的学生，我想，我要带领他们为下个读书节做些什么了。

班会课上，我们先开展了"你比我猜"的小游戏，同学们踊跃参加。李瑶一组抽到了文学题，各位组员频频猜错，最后惨败而归。

我问大家："大家说说，李瑶他们为什么输得那么惨？"

同学们七嘴八舌："他们弱爆了！""运气不好呗，居然抽到文学题！""都是课外的，没学过！"……

我问抢着举手的黄贤中："如果是你们组抽到这个题，会赢吗？"

"这个……应该……"黄贤中一时不知道怎样回答，全班也顿时陷入了沉默。

看着黄贤中局促的神情，我问大家："如果这组题目问各位，大家不一定都会的，有些内容确实不是课上学习到的，那需要怎么得知呢？"

李畅说："我会百度。不懂问度娘呗。"

"哦，是个好办法。但我换一批题目，你还去问度娘吗？提问的人允许你百度吗？"

李畅若有所思地坐下了。学生们似乎也被我的问题难住了，对呀，在今天这个凡事都可依靠电子产品的时代，没有什么是会难倒上知天文、下知地理、通晓古今中外的网络的。但知识却没有存进我们的头脑中。

过了一会儿，李瑶怯怯地站起来说："如果我当初把四大名著看了，肯定能挽回局面。"

"是啊，这些问题，课堂不会告诉你，但是书籍可以。"我点点头说，"还记得我今天问你们读书节的情况吗？我们班在这次活动中颗粒无收，为什么呢？"

同学们都低下头。

我打开大屏幕，问他们："请大家参与这个调查，你每年阅读多少本课外书？"

答案显而易见，大多数同学是 5 本以内，少数同学超过 5 本。看到同学们有点涨红的脸庞，我打出第二张图片，这是 2015 年七个国家的人均阅读量，我问："你们看到了什么？"

朱哲琪说："我们国家的人均阅读量是最低的，平均只有 4.23 本，而其他国家很多……"她说不下去了，确实，我们国家的人均阅读量远远低于其他国家。

我继续展示图片："大家知道这些国家的人们是怎样读书的吗？你们看……"

学生们的目光随着大屏幕流转着，他们看着图片里认真读书的人们，当看到国外的中学生待在图书馆读书时，我看出他们的不安。我趁机问："你们有没有也这样在地铁上，在图书馆，在各个角落里随性读书呢？"

大家不安地摇头，我听到微小的声音："没有……"

这时，王思源站了起来："老师，不是我们不去读书，我们没时间啊！"周围的同学纷纷点头表示赞同。

"哦，那请问，你们的时间用在哪里了呢？"我紧着问。

"我们要上课，写作业，每天时间很紧的。"

"对呀，作业好多呢，还要考试呀！"

"中国学生学业负担重，是事实。但其他国家的学生就不用上课吗？他们怎么还有时间读书呢？"我紧追不舍。

班长张以偌说："他们有的是在等车时读书，有的是在周末读，我们也可以这样利用时间的。"

我赞许她的回答，鼓励大家说："班长说得对，我们还可以利用哪些时间？"

像是打开了思路，同学们纷纷举手："下课时间。""自习课。""写完作业后。""哎呀，假期少打会儿游戏就有时间了。""就是啊，少看手机，时间就多了。"

我很高兴，说："说得真好，大家都能发掘读书时间啊！同学们，时间固然是有限的，但是只要我们有心，是可以挤出很多时间来读书的。不在于时间多长，哪怕每天一小会儿，日积月累，滴水也能穿石啊！"

同学们的积极性被点燃了，相互约定多读书。看着他们的热情，我特别欣喜。常言说得好，时间就像海绵里的水，只要去挤，总会有的；只要想去做，每个人都可以抓住时间，做一个快乐的读书人。

（上海市奉贤区古华中学 吴丰洪）

30. 艰难的抉择

著名教育家苏霍姆林斯基说："只有爱妈妈，才能爱祖国。"因为亲情是一切情感的基石。只有爱父母，才会爱学校、爱家乡、爱祖国、爱社会、爱我们生活的这个世界，才能永驻真爱，并形成质朴健全的人格。通过平时和家长们的交流，我了解到班上有些孩子有自私、任性、不尊重父母的现象，于是我决定召开一次微班会，唤起孩子们感恩父母的内心情感。

班会课上，我先播放了小臭臭演唱的《感恩有你》："当我跌倒的时候，总有人把我扶起；当我哭泣的时候，总有人哄我开心；当我调皮的时候，总有人教我道理；当我害怕的时候，总有人给我勇气……"歌曲开启了本次微班会。

随后开展小游戏"诺亚方舟"。我让每个同学拿出两张纸，把第一张纸叠成一只小船。于是每个人都拥有了自己的"诺亚方舟"。接着把第二张纸分成五份，每份上面写上家人、梦想、知识、能力等自己认为最重要的东西，写好之后把它们放到船上。

然后我开始播放欢快的音乐，孩子们在音乐声中带上这些重要的东西开始了旅行。

忽然我播放了暴风雨的声音，并告诉孩子们，就在他们玩得正高兴时，遇到了暴风雨，眼看船就要翻了，在这种情况下，需要他们丢掉一些东西，船才不会翻，请从带的五份东西中丢掉两份，不过丢掉之后就再也不会拥有了。

孩子们听到后，都发出"啊？"的声音，都说太难选了。

刘云霖说："老师，我可不可以不选？我一个也舍不得丢。它们对于我来说都很重要。"

我说："不行，再难也要选。请你马上作出选择。"

之后，我继续播放暴风雨的声音，这时需要他们从剩下的三份中再丢掉一份，这次"啊？"的声音更响了。

"老师，不带这样玩的啊，我受不了了，难受死啦！"刘云霖气呼呼地说。

不断有学生说："老师，太难了，我没法选。"

可大家最后还是作出了选择。

接着，我又提出新的要求：风又大了，眼看船就要翻了，需要大家再扔一样东西。这时我看到有的孩子眼圈已经红了，有的已经哭了。

我随即对他们进行了采访："你最后留下了什么？你的感受是怎样的？"

冯明珠说："我最后留下了父母。我感觉特别难选。不知道该丢哪一个。我从来没像现在这样害怕失去父母。"

"我留下的是父母。我从来没意识到父母在自己心中的位置有这么重，我要对我的爸爸妈妈说，我永远爱他们！"王文娅这么回答。

班长朱延磊满眼含泪地说："这种感觉太难受了，通过今天的这个游戏，我知道了以后一定要尊重父母，不再对他们耍脾气，让他们生气。我一定努力学习考上大学来报答他们。"

最后，我也动情地说："孩子们，听了你们的发言，老师被深深地感动了。刚才的小游戏，使我们感受到、认识到父母在我们生活中多么重要。一路走来，父母为我们付出了很多。随着年龄增长，我们渴望独立，渴望成长。其间与父母也有些冲突，有些不快。其实父母并不需要我们为他们做什么大事，他们只期望我们健康、快乐地成长。有时我们的一句问候、一杯茶水、一个微笑、一次感谢、一次交流，便能令父母心满意足了，别总想长大了如何如何，而应从现在做起，从点滴做起，做一个让父母放心的孩子。做好自己，就是对父母莫大的感恩。让我们在生活中以实际行动来报答父母吧！”

（河北省邢台市临西县第一中学　刘玉华）

31. 数据说"光盘"

  作为党员教师，每周四中午我都会在学生食堂做志愿者工作，维护学生就餐秩序，鼓励学生节约用粮，不剩饭剩菜。可常常看着各班装得满满的泔脚桶，只能感叹现在的孩子物质越来越富裕，却养成了挑食的坏习惯，忘了勤俭节约的传统美德。身为班主任，我能做些什么呢？

  团中央、全国学联与教育部联合开展了"光盘寒假"活动，我校也开展了"光盘行动"。第三周"文明餐桌"评比情况记录表已张贴在食堂的布告栏，根据本周的剩菜数据，能否借题发挥，开个微班会呢？

  一天午休时，我走进教室，先检查了班级卫生，这时方新贤嘴里还嚼着午饭，手抚摸着自己圆鼓鼓的肚子，心满意足地走进了教室。

  我笑着问："今天学校午饭吃了什么？"

  "吃了鱼香肉丝和炒青菜。"他有点不好意思地回答道。

  "饭菜都吃完了吗？"

  "都吃完了。"

  "老师，他是饭桶，每天都把饭菜吃得干干净净，还要添饭吃。"这时，班中个子最小的毛陈斌站起来，不屑地瞄了方新贤一眼，插嘴道。

  全班听了他的话，哈哈大笑。方新贤顿时脸红得恨不得找个地洞钻下去。

  "毛陈斌同学，难道你午饭没吃干净，有剩菜剩饭吗？"

  毛陈斌突然意识到自己说走嘴了，低头沉默不语。

  这时，班长于玲回答道："老师，他每天就吃一点米饭和一碗汤，其他菜都倒到泔脚桶，很多男同学也是这样，怎么说他们也不听。"

我扫了全班一眼，全班同学都低下头，班级里静悄悄的。

稍等片刻，我取出课件，在屏幕上投影出本周"文明餐桌"评比情况记录表，打出一连串数字："周一我班浪费粮食 2.215 斤，周二 2.065 斤，周三 1.735 斤，周四 1.945 斤，周五 0.165 斤，本周共浪费粮食 8.125 斤，人均浪费 0.338 斤。"

全班同学都认真地听着，仔细地看着屏幕上的数据。有的孩子眼神是迷茫的，对他来说，这仅仅是一些数字，好像跟他没有关系；有的孩子眼神里透出一丝不屑，好像没浪费多少粮食，觉得老师有些小题大做；有些孩子眼神中充满羞愧，觉得自己浪费粮食可耻。

"本周每天饭菜都吃完，没有剩菜剩饭的同学请站起来，让我看看。"

方新贤、于玲、唐奕炜、侯俊逸和王丰源等 7 个学生刷地一下站了起来，自豪地看着我。

我满意地冲他们点点头，继续问："你们每天都把饭吃得干干净净，是家里没饭吃吗？还是有什么其他原因吗？"

"我妈妈说现在正是长身体的阶段，要多吃饭，才会长得高。"

"我们每天需要许多不同微量元素、蛋白质和碳水化合物，所以午饭一定要吃好。"

"浪费粮食可耻，所以我把饭都吃完了。"

"学校做的是营养午餐，每天菜谱不一样。我喜欢。"

我赞许地说："你们说得都很好。午饭不剩菜剩饭，不仅是为了节约粮食，更是为了我们自己的身体健康。你们几位不仅学习成绩好，而且身体强壮，一定和这密不可分。可是，本周我们班午餐还是浪费了 8.125 斤，如果算一个学期共 20 周，那么一学期会浪费多少粮食呢？看看谁算得又快又准确？"

"162.5 斤。"

"那一学年 40 周，浪费多少粮食呢？"

"325 斤。"

“全校 32 个班，一学年大约浪费多少斤粮食？”

“10400 斤。”不知哪位同学率先说出了这个惊人的数字，同学们你看看我，我看看你，一副不可思议的样子。

我继续追问道：“一个中等身高、轻体力成年男性午饭应该为 250 ～ 500 克。那么我校一年浪费的粮食总量，能为多少成年男性提供一顿午饭？”

“10400 至 20800 人。”“啊，真没想到这么多人啊！”议论声此起彼伏。

于是我总结道：“‘一粥一饭，当思来之不易；半丝半缕，恒念物力维艰。’厉行节约、反对浪费，自古以来就是中华民族的优良传统，也是当代学生所必备的一种素质，一种美德，一种生活态度。希望大家从今天开始能将‘光盘行动’进行到底。也祝全班同学身体健康，越来越有活力。”

全班同学爆发出热烈的掌声！

（上海市奉贤区古华中学　徐祖秀）

32. 手机的利与弊

　　两天的民防活动终于结束了，傍晚才回到学校。教室里，同学们叽叽喳喳，讨论得热火朝天，毕竟两天的活动让他们收获了很多。

　　但我走进教室的时候，同学们突然安静了下来，估计他们看到我的脸色不好，而且手中还提着重重的一袋手机。确实，我心中是有一些恼火的，民防活动前已经明确要求不能带手机、平板电脑，可还是有一些同学心存侥幸，带上了。全班同学都盯着我看，没有带手机的同学心中窃喜，带了手机的同学心中正打着小鼓呢。

　　我问："同学们，这些手机该怎么办？"没带手机的说没收，带了手机的说拿回来。我又问："手机对你们来说，真的这么重要吗？"有说重要的，有说不重要的。看到同学们众说纷纭，我心中有了主意，于是说："那我们就用明天午会课的时间来辩一辩手机的利和弊吧！"

　　第二天午会课，同学们自由组队，很快分成了两队，由学习委员沈家琦带领甲组谈手机的"弊"，副班长顾蔷带领乙组谈手机的"利"。两组轮流亮出自己组的观点，班长张蔓昱担任主持。

　　两组同学都摩拳擦掌，好像都有充足的理由说服对方。

　　乙组夏雨先发言："放学以后，我们可以用手机打电话给爸爸妈妈，告诉他们我们的位置，让他们及时接到我们。出去玩的时候用手机联系爸爸妈妈也方便。"

　　甲组陈奕伟接着说："有些同学一直玩手机游戏，都入迷了，没有心思学习，好几门都不及格了！"说到这，不少同学把目光投向张文杰，他不好意思地低下了头。前一段时间他沉迷于打游戏，功课落下不少，最近刚刚有所好转。

乙组顾蔷继续说："我们用手机可以查学习资料，比如不会解释的文言文字词，上网查一查，立马就知道什么意思了。"

听到这里，甲组戚冰泽马上说："有些同学用手机上的软件搜题目，特别是数学大题，一搜答案全出来了。"听到戚冰泽同学这样说，有些同学相互看看，不好意思地笑笑。这就是有的同学回家作业写得很好，可是遇到考试就不行了的原因。

乙组卫诗吟反驳道："实在想不出，稍微参考一下也是可以的！"

甲组姜晨马上驳回："可是有些人题目还没看，就把搜的答案写上去了！"

班长见火药味有点浓了，提醒大家对事不对人，要摆事实，讲道理。

乙组吴蔚说："手机可以用来听音乐，让我们休息放松。"

甲组沈家琦说："看手机时间久了，眼睛得不到休息，会让我们的视力下降。"

乙组周昕尧说："手机可以打游戏，也是休息。与同学谈论游戏，可以增进友谊。"

"手机游戏中可能有不良画面，会撞击我们的心灵，不利于我们的身心健康！"听到甲组何瑞佳同学的发言，同学们都笑了。

"用手机可以网上购物呀，我们班的花盆都是从网上买的，还有绿萝，花钱少，还能让教室漂亮。"乙组郑海霞激动地都有点语无伦次了，她肯定是刚刚想到手机的这个亮点。

"玩手机到很晚，影响睡眠，早上起不来，第二天上课也没有精神……"甲组的池臻一同学越说声音越小，因为他早上经常迟到。不过，他马上补充："我没有天天晚上玩手机。"

同学们又笑了，有人说："你这不是'此地无银'吗？"

班长再次提醒大家对事不对人。

乙组焦王祎说："手机可以让我们与以前的同学聊 QQ 等，方便联系，保持友谊，也可以让我们及时与老师联系，汇报学习。"她的好朋友七年级时转回老家了，不过她们通过网络一直保持联系。同学们寒暑假的作业也是每天通过网络汇报给老师，这样老师起到一定的督促作用。

甲组沈瑜涛说："上次张文杰拿一个最新的 iPhone 6 来向同学炫耀。结果好几个同学说要换手机。"

乙组陈诗羽说："手机可以很方便地随时拍照，运动会时可以记录下同学们比赛的珍贵镜头，留作纪念。"说到这些她的脸涨得通红，我知道这次她带手机去民防也是为了拍照留念。

甲组钱思芊同学说："手机每个月都要充值，这又会让爸爸妈妈花不少钱。"

时间差不多了，我示意班长结束今天的辩论，虽然大家意犹未尽，班长还是宣布辩论结束。

下面有同学小声问："哪一组赢了呀？"我接过话来说："同学们，辩论的结果不是最重要的，重要的是通过今天的辩论，大家重新认识了手机。这次参加民防活动有一些同学带手机去，可能也是为了拍照纪念，可是还有一些同学是觉得可以放松了，想晚上打游戏。但民防有民防的纪律，这几天大家也都深有体会吧？"

我继续说："通过刚才的辩论，可以看出大家对手机是喜欢的。互联网时代手机给我们带来了许多便利。人们常说，网络改变生活，手机改变世界。大家对滥用手机的弊端也有一定的认识，但有些同学的自控能力还是相当差，在初中阶段，我们主张还是离手机远一点，学会自控，合理使用手机。在学校有统一管理要求时，必须严格遵守执行，不能我行我素。民防活动为什么不能带手机，出发前已专门讲过。至于想拍照留念，我和其他老师已为大家拍了许多照片，希望同学们喜欢。当然今后我们还会作一些改进。关于手机的辩论，今天暂告一段落，相信大家明白了许多，关键看我们今后如何去做。"

（上海市奉贤区古华中学　李　静）

33. 今天，你是吃瓜群众吗

很多学生在看到地面上的垃圾时，都不会主动去捡拾。有时，甚至见到教室里的过道上有同学的书籍或物品掉落在地上，也是从容地迈过去，很少主动帮忙捡起来。在一次课前候课时，我看到在教室的进门处，干净的地面上，一个纸团突兀地卧在地上，从它的头顶迈过一双双脚，或匆忙，或闲适，偶尔还碰到某一只脚，旋转着在空荡的地面蹦跶几下，然后又静静地蜷在角落里，数着来来去去、形形色色的脚。一只，两只，三只……丁零零，直到上课的铃声响起，尘落人空，纸团仍在教室门口的地面上。我想，应该找机会引导一下学生。

一天活动课前，同学们在一楼大厅围着圈小跑，为活动课热身。一只立在大厅边上的箱子，忽然倒下了，正好挡在了他们跑圈的路径上，第一个遇到的男生机灵一跃，跳了过去继续小跑热身，随后的几人绕开了箱子继续跑，几个矫健的男生还从箱子上面跳了过去。每一个经过箱子的人跑过后，都又回头望一眼，似乎在等着什么。轮到李舒扬跑到箱子面前时，她也像前面的同学一样绕开了，第二圈跑过箱子时，她似乎觉得有什么不妥，又转身回来将箱子扶了起来，放在了边上。看到这个情景，一个词蹦到了我的脑中——"吃瓜群众"。看来得好好给他们上上课了。

夕会课上，我半开玩笑地问道："同学们，你们今天吃瓜了吗？"

"吃瓜？"学生们一脸茫然，"吃什么瓜？"

有学生反应过来，冒出一句："老师，你说的是不是'吃瓜群众'？"

我会意地点点头，随之教室里好一阵讨论，我看还有一部分学生没有弄明白，就问道："有同学能解释一下什么是'吃瓜群众'吗？"

韦川站起来解释道："'吃瓜群众'最开始源于一个公路新闻，记者去采访一个老伯，老伯说：我什么也不知道，我当时在吃西瓜。后来新闻评论里就有人评论道：我只是一个不明真相的吃瓜群众。后来有人将'不发言只围观'的普通网民称为'吃瓜群众'。人们频频以'吃瓜群众'自嘲或互嘲，用来表示一种不关己事不发表意见仅围观的状态。"

我接着说道："今天，我们就有很多同学当了一回'吃瓜群众'哦。"

"嗯？"学生们又陷入疑惑。

我清了清嗓子说道："在今天下午大厅中跑圈时，有一只箱子倒在了地上对不？"学生们点点头。

"所有同学都从那个箱子上面或边上跑过去了是吧？"学生们又点点头。

我又继续说道："那你们第一圈跑过时，有人去扶起箱子吗？"学生们相互寻望，然后，一片寂然。

"很多同学第一圈的时候都是从箱子边上跑过去了，没有一个人去把箱子扶起来。同学们，你们今天的行为难道不像一名'吃瓜群众'吗？难道因为那个箱子不是你的，你就听之任之？你们当时的心态十足演绎了当下流行的词语——'吃瓜群众'的形象啊。"

我顿了顿，又继续说道："还好，有一个群众不吃西瓜了，在第二圈跑过时将箱子扶了起来。"

马上有人冒出一个声音："是李舒扬！""对，李舒扬。"很快有人附和说。

同学们很快都将目光投向了李舒扬同学，随即教室里响起一阵掌声，李舒扬不好意思地抿了抿嘴唇，微微地笑了。

我赶紧趁热打铁地说道："同学们，光李舒扬同学一个不够啊！我希望有更多的同学能够在日常的生活中主动伸出你的手，或许是捡拾一个东西，或许是给别人一个援手，如果我们大家都能这么做，生活中会更有爱。'吃瓜'这个词语或许现在很流行，但在流行的同时是不是更让我们反思'吃瓜'背后的含义呢？我希望大家在今后的生活中，遇到事情时反问一下自己'我是吃瓜群众吗？'"

　　学生们若有所思，随后进入了自习中……

（四川省广元外国语学校　何　丹）

34. 撞人游戏

初二的孩子们告别了初一的懵懂和生疏，彼此愈发熟络起来，关系亲密的男孩们也流行起了捉弄人的"游戏"。

一个课间，班里的"小萌豆"小轩惊慌失措地冲进办公室，哭着说："李老师，班里的同学把我抬起来往树上撞……呜呜呜……"

听到他的哭诉，我顿时火冒三丈，上周某班就因为类似的事情最后演变成了打群架。虽然老师反复告诫学生这种行为的危害，但还是屡禁不止。

安抚了小轩，我也冷静下来。这次，我决定好好跟孩子们谈一谈"游戏"的话题。

当天下午的小班会，我问学生："大家课间都喜欢玩什么游戏呢？"

教室里顿时炸开了锅："踢毽子""跳绳""掰手腕"……

在大家热烈的讨论中，撞人的那几个孩子或面面相觑，或掩口暗笑，显然并没有意识到自己行为的严重性。

我郑重其事地说："老师这里也有一个游戏，大家觉得好不好玩？"

随即我调出监控录像，播放了上午课间"捉弄人"那一幕：只见五六个男生抬起一个男生，成"大"字形，平举着撞向大树，伴随着嘻嘻哈哈的笑声，仿佛乐在其中，紧接着又举起另一人向树上撞去，惹哭了"小萌豆"。

看到这段视频，教室里渐渐安静下来，撞人的孩子们有点不好意思了。

参与撞人的小鹏首先按捺不住了："李老师，我们只是开玩笑，小轩太娇气了，开不起玩笑！小轩还撞过我呢，我怎么就没哭？"说着还一副不服气的样子。

我让孩子们仔细观察视频："不管是谁撞谁，大家有没有发现什么共同点？"

"他们怎么都是一群人撞一个人啊？！"眼尖的小欣惊讶道。

"当一群人以这种形式和一个人玩游戏时，就有了一种以大欺小、以强凌弱、以硬欺软的势头。"我说到这里，班里其他孩子很赞同地频频点头，甚至有些气愤地看着"肇事者"。

"老师，我……我没想欺负他……只是玩玩……"小鹏的语气软了下来，显得心虚了。

我说："老师当然相信你不会欺负同学，可当游戏的形式出了问题，你的行为也会偏离初衷。我知道你们平时都是能帮助他人的小男子汉，只要以后不再出现这种行为，大家也就不会再误解你了。"

小鹏顺着我给的台阶，拍着胸脯保证："老师你放心，我们以后再也不会做这种事了！小轩，对不起。"

"又不是只有我，好多人都玩，别人都这么玩，我才玩的。"小白轻声嘀咕道。这大概是很多孩子都参与的原因。

我说："是朋友，我们才会开玩笑。也正因为关系好，才会一起学习，一起回家，一起玩耍。和朋友一起做事，让我们收获更多分享的快乐。可是朋友有没有犯错的时候呢？"

"当然有呀！"小白抢先说，其他人也点点头。

我语重心长地说："金无足赤，人无完人。每个人都会犯错，朋友也会。如果和朋友一起做正确的事，就会分享友谊，收获成长；可如果和朋友一起做错误的事，不但不会分享收获，还会因为是和朋友一起做的而减轻罪恶感，这才是错上加错！"

全班静默。

我继续引导："那如果朋友犯错了呢？"

"要制止他！"孩子们几乎异口同声。

我赞许地点点头："朋友犯错的时候如果能够及时制止，才不愧是真正的好朋友，这也是孔子提倡的诤友。可是有时我们激动起来，就会忘了这一点，失去了对事情本身对错的评判，甚至盲目地跟从朋友一起犯错，今天不就是吗？在我们成长的环境中，以后还会结识更多形形色色的朋友，只有择其善者而从之，其不善者而改之，才能不断进步。"

"对对对，语文老师也教我们要'见贤思齐焉，见不贤而内自省也'。"课代表小斌举手道。

最后，我笑着说："大家再看看视频，玩这个游戏的时候，其他人呢？"

"在看。""在笑。""有人告诉老师了。""在围观的人中，相当多的都是女生！"玩游戏的几个男孩听到"女生"二字，羞愧地低下头，显得很不好意思。

于是我总结道："青春期，我们开始关注异性，不管男生女生都应增强自己的性别意识，适应社会对不同性别的要求，女生成长为优雅贤淑的大姑娘，男生成长为勇于担当的男子汉！希望每个同学都成为更优秀的自己！"

教室里爆发出热烈的掌声，一场"捉弄人"的危险游戏问题迎刃而解了。

（陕西省西安市曲江第一中学　李善婷）

35. 学会拒绝，快乐生活

月考后英语老师正埋头整理刚刚批改完的试卷，突然惊讶地说："周晓轩怎么才考 84 分！"我闻言也抬起了头，心想不应该呀！这孩子是全年级的英语尖子，还是英语课代表，印象中他的英语从没低于 90 分的。

跑完操我把周晓轩留下，跟他在操场上边走边聊，告诉他英语月考的成绩，他一听有些惊慌，低下了头，喃喃地说："老师，我考前没来得及复习，还发烧了！"

我一听，这两个原因是"并列关系"，不是"因果关系"啊！而且以我对他的了解，他考前不会不按老师要求复习的，一定还有"隐情"。我抬起手摸摸他的额头，舒一口气说："嗯，现在好像退烧了，我就说嘛，你肯定不会不复习的！"

他又低下了头，还红了脸，说："老师，其实我准备复习来着，程晨周末那天打电话约我去玩'密室逃脱'，我说不去，他就嘲笑我是'胆小鬼'，还说我拿复习当幌子，肯定是害怕了！最后，我就……我就……结果太惊险了，还出了一身汗，回到家就发烧了。"

一句话，还是不懂得拒绝惹的祸！虽然一次考试失利不算什么，可是这孩子的心理活动很有代表性，不少同学不懂得拒绝，没学会说"不"，所以才会有相互借作业来抄的，才有用 QQ 互传答案的，更有甚者被叫去为打架的同学壮声势的。如果不提醒和教育，对他们形成健康的人际关系、科学管理学习时间等诸多方面都会有负面的影响。

于是，班会课上我与大家聊起："暑假时我到青岛旅游，你们的一个师兄正在中国海洋大学上大二，他假期勤工俭学没有回家，于是我打电话要他陪着逛逛，他说要请我吃饭，我很痛快地答应了。"有学生在偷笑，显然是在取笑我脸皮够厚。

"我挑了一家装修比较豪华看着就很贵的餐馆，他犹豫了一下还是跟我进去了。"我注意到已经有学生在小声议论，似乎在责难我。我继续说："坐下后，我点了几个不便宜的海鲜，他只好一一照办。"

陈敏忍不住出声说"这不好吧"，我装作没听见，继续往下讲："最后一结账，我们俩吃了600多块钱。你们师兄付钱时脸色很难看，我故意说：'这差不多等于你两周的生活费了吧？'他很勉强地说：'是的，老师。'"

心直口快的张森大声说："老师，你也太黑了吧！"我还是装作没听见。

"我对他说：你用两周的生活费来招待我吃一顿美味的午餐？你太好了——可太傻了！我知道你的感觉，我一直在等你说'不'，可你为什么不说呢？要知道，有些时候一定要勇敢坚决地把这个字说出来，这是最好的选择。另外，请原谅我让你难堪了，老师怎么能让你请我吃大餐呢！看看你的微信，老师已经在你付钱时给你转账了。不管怎样，老师还是要谢谢你陪我'逛吃'！"

这时有的学生鼓起掌来，有的陷入了沉思，其中就有周晓轩。

我说："同学们！当别人的邀约打乱了你既定的日程，当别人的请求会严重影响你的生活时，你应该怎么办？"大部分学生说应当拒绝。

我追问道："如果对方是你的师长，或者是你的老板，他们提出超出你能力范围的或者非常不合理的命令时，你又该怎么办？"仍有部分学生说要拒绝，但底气明显不足，更多的学生选择了沉默。

我看酝酿得差不多了，于是很严肃认真地说："同学们，面对这种情况，你们要更坚定更明确地拒绝。原因是，即使勉强接受，最后还是会搞砸，那时不仅同样要承受责罚，还贻误了时机，可能给自己和团队带来更大的损失！"

　　我接着说："有三位将军在讨论着自己士兵的勇敢表现。第一位将军叫来了一位士兵，命令他爬上旗杆的顶端敬礼，然后从旗杆上直接跳下来。士兵二话不说立刻爬上旗杆然后敬礼跳下来。其他两位将军交口称赞。第二位将军也叫来了一位士兵，命令他爬上三层楼然后跳下来。第二位士兵同样二话不说就爬到三楼然后跳下来。其他两位将军赞不绝口。最后一位将军挥挥手招来了一位士兵，命令他爬上五楼然后跳下。那位士兵不卑不亢地对那位将军说道：'将军，你认为一个没有任何安全设备的人从五楼上面跳下来还能活命吗？对于你这个不合理的指示我拒绝服从。'顿时，四周响起了一阵热烈的掌声，几位将军不约而同地说道：这才是真正的勇气。是的，只有真正敢于说不，敢于拒绝的人才是有勇气的人。"

　　最后，我总结道："同学们，我希望从今天开始，你们认识到'拒绝'的价值和说'不'的意义！我希望在未来的日子里，你们能够学会用'不'的智慧保护自己，用'不'的力量说服别人，用'不'的方法正确决策，用'不'的秘诀快乐生活！"

（陕西师范大学附属中学　杨　兵）

36. 你还可以做得更好

天气好不容易晴了，吃午饭的时候我把教室里的绿萝搬到走廊的阳台上换水、洗根。正打算把阳台上的烂叶子收拾一下的时候，办公室的同事叫我去帮忙。我应了一声，随即叫了路过的学生曾文新帮我把阳台收拾一下。

等我回到阳台，水渍、烂叶子不见了，可是擦阳台的抹布却脏兮兮地耷拉在走廊上，地上的水桶依旧摆在原地，而且满地的水渍像是刚过了泼水节似的。

曾文新又被我喊来了："你要不要再看看，还有什么没做完的吗？"

他转头瞄了瞄阳台，一摸脑袋，"哦！"没等我说，就去洗抹布，倒水，拖地了。不一会儿，走廊干干净净。

曾文新的行为引发了我的思考，班级中似乎不止他一个人做事如此被动，很多学生都存在这个问题。

当天中午自习，物理老师也反映，同一份试卷考了三次，还是有很多人正确率低，做错了的题也没有主动订正，没有分析错误，结果还是错。

看来生活中做事不周全、不主动，也会延伸到学习中。让学生学会主动全面地做事，成为了我工作的一大挑战。

三天后的一个大课间，我尝试用微班会解决这个难题。

首先两个同学以角色扮演的形式讲述了一个故事：张怡做事积极主动、全面考虑，很快升职了。王芳做事欠缺全面考虑，一直原地踏步。

105

我问他们："如果你是领导，你会选谁做你的员工？"

同学们一致选择灵活主动的张怡，因为她让人放心、省心。大家还纷纷举自己身边的事例证明考虑全面、主动积极的人最受欢迎。

为了验证大家的选择是否正确，我播放了事先录制好的视频《小明做卫生不收拾工具》，男主角就是之前的曾文新。情景再现，同学们一阵哄笑，我示意大家安静，反问大家："不用笑别人，难道你自己身上没有同类的问题？"话音刚落，教室里鸦雀无声。

"小明身上有什么问题？小明这样的表现有什么不好的影响？"我扫视一下全班，然后问道。

"他做事只做眼前的，不管后面，没把事情做好。虽然阳台擦干净了，可是没收拾劳动工具，干活干一半没干完，太不负责任了！"没想到曾文新站起来，自己点评了自己。看来他认识到了自己的问题，我惊讶之余也很高兴。

我继续追问："假如小明做完余下的卫生，你觉得他吃亏了吗？如果是你会怎么做？"

接着我听到了一阵骚动。

"吃亏！老师只让他抹阳台，又没让他收拾工具！"

"连工具都不收拾，还能叫做卫生，做事做一半，以后谁还敢用你啊！"马上有人反驳。

学生在下面的讨论，很快有了正解："不是吃亏，这是一种人生历练！"

看来学生意识到了全面考虑、积极主动对我们做事情的影响，于是我马上播放了第二个视频《小红做卫生收拾工具》。大家看后，通过两个人物的对比，意识到应该向影片中的小红学习，学习她这种做事积极主动、考虑全面、认真负责的精神。

"难道只有日常生活中的事情是这样吗？学习不也应如此吗？"我边说边点开了第三个视频：小明只复习了要求的第六、七单元的单词，没有复习第八单元的单词，考试时很懊悔。

我边放边观察学生的表情，有好几个同学脸都红了，把头埋了下去。

"小明当初怎么做，考试就不会懊悔了？"我问。

"如果考试前把所有单元的单词都默写一遍，准备得更充分，估计也就没这么惨了！"脸红得最厉害的小雯尴尬地笑着说，看来她正在反思自己考前的学习呢。

我肯定了她的答案后，进一步向大家提出问题："我们要思考：主动积极、考虑全面对我们有什么好处？在以后的学习中将会从哪些方面更加主动积极？"

同学们纷纷举手。因为时间关系，我告诉孩子们不要急于给出答案。因为做比说更重要。我建议他们把深思熟虑的答案写在作业本上，下次一起讨论。

最后，我对全班同学殷切寄语："好，还可以做得更好！这是一种方法，更是一种态度。让我们一起做得更好吧！"

（湖北省武汉市第二十七中学　周雪琦）

37. 这群鸭子

有一段时间，我发现有些同学努力了，但是成绩依然没有明显提高。他们有些沮丧，信心不足，干劲不足了。

作为班主任，我感觉他们要放弃努力了。怎么办？我忽然想起了在微信上看到过的一个视频，我觉得有必要在班会课上给同学们看一看。

班会课上，我问孩子们："你们是不是觉得很努力了，但是成绩还是不怎么理想？"

很多孩子点点头。

我接着问："你觉得很努力了，但是成绩一直没有进步，是不是有点想要放弃了？"

孩子们没有直接回答我。但看到有些孩子的眼神，我就知道他们虽然嘴上不好意思说出来，其实真的有点想放弃了。

于是，我让孩子们看一个小鸭子跳台阶的视频。这是网上下载的视频，虽然只有两分30秒，但我还是进行了剪辑，剪去了30秒稍显冗长的片段，使其更加紧凑、更加精彩。

台阶下，一群小鸭子快速地走着，眼前有两道高高的台阶。鸭妈妈在上面召唤。然而鸭子们接连奋力一跃，都跌落下来。

孩子们伸长脖子目不转睛地看着视频。我却按下暂停键，请孩子们猜测视频中的12只小鸭子能不能跳上台阶。有同学认为小鸭子跳不上去，有同学认为有的能跳上去，有的跳不上去，也有同学认为所有的小鸭子都能跳上去。

我问姜昊天同学为什么认为小鸭子跳不上去，他说："小鸭子太小，台阶太高了，所以不可能。"

我再问宋佳敏同学为什么认为小鸭子能跳上去，她说："小鸭子多试几次，应该能做到的吧。"不过她的语气中充满犹豫、担心。

我笑着说道："见证结果的时候到了，请继续观看视频。"

视频中，小鸭子一只接一只，不断尝试，不断冲刺，终于，一只，又一只，当同学们看到所有的小鸭子都跳上去时非常惊讶，这也包括原先认为所有小鸭子都能做到的那些同学。

我提议孩子们为这些小鸭子鼓鼓掌，然后让他们思考、分享，从这个视频中得到了哪些启发，有怎样的感想。

狄韫涵同学说："努力了，一定可以成功的。"

谢佳妮同学说："一开始我认为前面小鸭子好几次都没有爬上去，肯定不会成功了，结果太意外了，居然所有的小鸭子都成功了，我觉得我们只要不放弃，一定可以成功。"

张柯捷同学说："我虽然猜小鸭子都能跳上去，但是有点犹豫，不是很确定，而它们居然真的做到了。这就告诉我们不管失败多少次，只要不被失败打倒，不泄气，并且能够振作精神重新站起来，那就离成功更进一步了。"

朱唐奕同学说："有的小鸭子先跳上去，可能先天优势大，有的小鸭子先天优势小，但是通过后面的努力也能成功。"

我高兴地点点头："孩子们都很棒，说了这么多道理。最后陆老师还有几句话想要和你们分享，宋代的大文学家苏轼有一句诗是赞美鸭子的，你们能告诉我吗？"

孩子们大声说："春江水暖鸭先知。"

"非常好！它的上句是'竹外桃花三两枝'。连起来的意思是，竹林外才开着几枝桃花，早春时节，天天在江中游泳的鸭子最先知道江水已经变暖了。这也告诉我们实践的重要与可贵，告诉我们要'先'行一步。同学们，失败不可怕，可怕的是失败了，一蹶不振，放弃努力，这样就会离成功越来越远。正所谓'失败是成功之母'，失败后不要气馁，更加努力地去尝试、去实践，思考失败的原因，改进以及再接再厉，那么成功将离你越来越近。"

我兴奋地看着孩子们："孩子们，今天这个视频还启示我们，小鸭子不是被赶着上架的，而是自我挑战，不懈努力。我知道你们的潜力还很大，相信你们能行，加油吧，为了自己的目标不断奋斗吧！"

（上海市奉贤区古华中学　陆晓平）

38. 黑暗中的体验

一天，我班正在上晚自习，突然停电了，整个校园一片漆黑。这突如其来的黑暗，让学生有点不安，教室里乱糟糟的。我提高了声音，请大家安静下来，坐在座位上不要动，学校会想办法的。

几分钟后，整个校园里都安静下来了。

我跟学生说："黑暗是难得的一种体验，趁这个机会，老师跟大家交流一下感受，怎么样？"

大家都说好。

我说："在这个黑暗的教室里，你们感到害怕吗？"

有学生回答说："不害怕！"

我问："为什么？"

"尽管整个世界都已经是漆黑一片，但是教室里有老师，还有这么多的同学，所以我不害怕。"有人大声地说。

我说："你说得很好，如果这个教室里只有你一个人，你一定会感到害怕，并且想迅速逃离这个地方，你现在还能安然自若地跟老师交流，说明你的内心没有恐惧感。人与人之间，需要互相依靠，比如在今天这个黑暗的教室里，你给我壮胆，我给你壮胆。因为大家在一起，所以我们不害怕。平时我们在交往中，总是嫌弃这个，嫌弃那个。其实，你生活的这个圈子，与你天天打交道的这些人，才是你最应该珍惜的人。"

我停顿了一下，问："王晴同学，假设你现在要上厕所了，你敢下楼去吗？"

王晴说："不敢，但是如果有人跟我一起去，我就不害怕了。"

我又问："有人愿意陪她去吗？"

万慧君回答说："我愿意。"

我说："很好，王晴同学，你看，这就是同学，在你需要陪伴的时候，她会毫不犹豫地站起来陪你一起走。"

我想了想说："再问大家一个问题，你们认为什么时候会来电？"

"应该会很快吧。"有人小声地说。

我问："为什么？"

"教室停电了，值班的老师一定会着急的，他们一定会组织抢修的。"

"你相信值班的老师一定会这么做吗？"

"我相信，因为他们值得我信赖。"

"很好！想一想，当你在这个校园里遇到困难的时候，你会找谁来帮助你呢？谁又会及时对你伸出援助之手呢？"

王晴回答说："当我遇到困难的时候，我会先向同寝室的同学求助，然后是老师。"

我说："以前你们在寝室里，经常闹不团结，为一点小事斤斤计较，互相指责，弄得跟有深仇大恨似的。还有，我们班经常有学生对老师直呼其名，一点都不尊重。有的学生，老师批评他几句，就怨恨在心，处处跟老师作对。其实，在这个校园里，老师不但是知识的传授者，还是你的保护人，他们处处小心翼翼，保护着你的安全。今天，校园里停电了，我们静静地坐在这里，很安心地坐在这里交流，因为大家都相信，教室外，会有老师去解决问题，因此，我们不需要着急，只需坐在这里静静地等待就行了。"

我停顿了一下，继续说："以前大家对学校制定的各项规章制度有抵触情绪，其实，学校的管理制度有两个目的：第一个是直接保护你，比如不准滑楼梯栏杆，就是直接保护你不受伤害；还有一个是间接保护你，学校制定的每一条规章制度，都是国家和社会对你们的要求，老师是受国家的委派对你们进行教育管理。学校制定每一条制度，其依据来源是

《中小学生行为规范》，国家和社会希望你们做一个文明守法的公民，因此才会制定这样一个具有法律意义的行为规范，学校和老师只是贯彻和执行这个规范。一个人可以不接受家长的管教，也可以不接受学校的管教，但将来终究有一天，他会不得不接受社会的管教。老师和家长在这个阶段对你进行管教，是因为爱你。老师执行学校管理制度，其实是保护你将来走上社会后不受伤害。"

我又说："同寝室的同学，还有老师，他们都有一个共同的名字，叫'身边人'。大家想一想，你们是不是应该好好珍惜善待自己的'身边人'呢？"

大家一起回答说："应该！"

不一会儿，终于来电了，教室里一片欢腾。这临时起意的微班会，会照亮孩子们前进的一段路。

（湖南省宁乡县煤城中学　刘令军）

39. 软吸管与硬土豆

一模考前的班会课，我拎了一袋土豆和一包吸管走进了教室，原本埋头刷题的同学们纷纷抬起了头，目光聚集在我手中的东西上，眼神里充满了好奇：莫非我们的班主任又要做什么物理实验？

我把土豆和吸管放在讲台上，藏不住好奇心的学生开始发问："程老师，你今天怎么带了土豆和吸管呀？是不是要给我们榨土豆汁喝？"其他学生附和着哈哈大笑。

"不！我今天带这两样东西来，是想让大家做一个小实验。"说着，我取出了一支吸管和一个土豆，"你们觉得，在不借助外力和不对土豆作任何处理的情况下，这支软吸管可以穿透这个硬土豆吗？"

"肯定能！""我觉得行！""慢慢穿就肯定行！"初三的孩子们由于生活经验的积累，对于这类问题的猜想，还是有一些自己的想法的。当然，我也听到了三三两两说不行的声音。

"好，小 A，你刚刚说慢慢穿肯定行，那你来给大家试一试！"我把土豆和吸管放在了小 A 的手中。

小 A 笑容满面，信心满满。只见他先把吸管的一头用大拇指和食指捏扁，慢慢戳进了土豆中，确实进去了一截！然后他继续用力，可不见吸管从土豆的另一头穿出来。小 A 的额头上开始冒出细汗，同桌小 B 小声问："行不行啊？"

我转移了大家的注意力："好！我们给小 A 一点时间，让他再试试。还有谁愿意来试试的？老师这里还有土豆和吸管。"

这时，物理课代表小 C 举手了，他若有所思地说："老师，我想试试，不过我的方法和小 A 差不多，只是略有不同，我可以用剪刀剪一下吸管吗？"

"好，那你可以告诉一下大家你这样做的目的吗？"

"我把吸管的一端剪成了尖针状，这样可以减小受力面积，从而增大压强，吸管可以戳得更深。"小 C 将剪好的吸管高举在手中，给同学们看。

听完小 C 的解释，同学们纷纷投去佩服的目光，不愧为物理课代表，大家期待着小 C 的成功。

小 C 将土豆紧握在手中，将吸管轻轻一戳，确实比小 A 的效果好很多，但是依然没有穿透土豆，接下来，他的动作和小 A 一样，慢慢地开始用力转吸管，试图穿透土豆。但土豆中的吸管不易被转动，不论是小 A 还是小 C 手中的土豆，都没有被穿透。

"我刚才就说不行嘛！软吸管怎么穿得透硬土豆！"刚刚猜不行的同学这时声音大了。

这也是我预料之中的结果。

"好，那就让老师来给大家演示一下如何用软吸管穿透硬土豆。"

我左手拿着土豆，右手拿着吸管，我用大拇指堵住吸管的一头，不让吸管中的空气流通，其他四根手指弯曲，握住吸管，让吸管内部形成空气柱。然后让吸管和要戳的土豆保持垂直。

此时，教室里鸦雀无声。

接着，我快速用力，在力的作用下，吸管中的空气柱发挥了大作用，只听见教室里响起轻轻的"啪"的一声，软吸管穿透了硬土豆。

"耶！"同学们惊讶后发出一阵欢呼。

接下来我向学生解释了其中的原理："我们用手按住吸管的同时，拿吸管戳土豆，那么吸管两头都被堵住了，空气不流通，形成空气柱，使脆弱的吸管变得坚硬，以至于它能迅速地穿过结实的土豆。而且扎得越深，挤压的空气就会使还没插入部分的吸管变得越坚硬，最后就穿透了

软吸管与硬土豆

整个土豆。"

　　"其实，我更想告诉大家的是，一模考就像一个硬土豆，而你们现在就是软吸管，不要害怕自己不能穿透硬土豆。首先，要对自己有信心，就像刚刚两位同学一样，他们就对自己很有信心，虽然他们在课堂上没有穿透土豆，但是他们成功了一半。其次，要有正确的方法，穿透硬土豆靠的并不是蛮力，而是科学的方法，希望大家在一模考前除了努力刷题外，更重要的是要找到合理的考前复习方法！"

　　"耶！"同学们又是一阵欢呼。毋庸置疑，今天的微班会他们会难以忘怀！

（上海市奉贤区古华中学　程琳莉）

40. 抵抗网游的诱惑

进入初三以来，不少家长跟我交流孩子周末打网络游戏的问题。家长 A 诉苦道："小 A 周末时间全部都用在游戏上面，如果我阻止他就跟我闹别扭，甚至有过激行为。"家长 B 埋怨道："小 B 和同学一起打网络游戏，一局 2～3 小时，每个周末打 5～6 局。我很担心他的休息质量不好……"

科技日新月异的今天，电脑科技日益发达，各种网络游戏更是层出不穷。网络游戏非常有趣，可以增强人的智慧、提高人的灵活性。可对于自控能力较弱的初中生来说，网络游戏好比害人的鸦片，容易让人沉迷其中。有些学生在家里玩的是网络游戏、在校想的是网络游戏、课后谈的是网络游戏，严重影响着学习和生活。用人民币去换取虚拟产品，甚至让一些学生为了上网走上抢劫、盗窃的道路。

如何教会学生在学习的关键阶段抵抗网络游戏的诱惑？我陷入沉思，并着手收集相关资料。

班会课上，我简单介绍了学生在家的情况和家长的担心。然后问学生："玩游戏的过程带给你什么感受？你在游戏中扮演什么角色？"

一些喜欢网络游戏的学生口若悬河："好玩！有成就感啊！时间过得很快！""我是征服者。"……

我又问："如果你连续花上几个、十几个小时沉浸在游戏中，你属于网络游戏的操控者还是被操控者？"

小 B 说："我肯定是操控者啊！"

"网络游戏的玩家真的属于操控者吗？陈老师给大家讲两个案例。"我微笑着说，"同学们，请听案例一：前央视名嘴张泉灵在《你就是奇迹》中自曝年仅 9 岁的儿子已经学起编程。她说她儿子是'编程猫'的学生，一周一堂课，他上了 4 堂课的时候就已经可以编写像《植物大战僵尸》一样的游戏，当时就把她惊到了！更加让她惊讶的是，有一天他编了一个两个人互相攻击的游戏，说：'妈妈我们来比一下。'结果她一直输，后来悄悄地去看了一下后台代码，发现是儿子把基础数值给改掉了。"我问："案例中妈妈为什么一直输？儿子和妈妈谁是操控者呢？"

　　同学们一脸好奇和惊讶，沉默不语了。

　　我介绍道："网络游戏是开发者为赢得市场、获取利益，想方设法去开发游戏、控制游戏者的。开发者其实是一切尽在掌控之中。我们自以为是操控者，其实还是被开发者玩弄于股肱之中。初三正是我们成长的关键时期，我们决不能沉迷其中。适当的游戏，调节生活，益智怡情；过度的游戏，浪费时光，耽误学业。我们要做一个能真正掌控自己命运的操控者，而不是被网游开发者牵着鼻子走。"

　　我接着讲："同学们，大家知道 AlphaGo 吗？"

　　同学们争前恐后地说："知道！""智能机器人！""下围棋的。"

　　"请听案例二：AlphaGo 大战世界围棋冠军李世石，首场比赛 AlphaGo 以 1：0 首战告捷，李世石最终认输。现在很多人在研究'机器的人类智商'，就是机器不光要聪明，还要懂人类；反之，人类更要了解机器，因为机器和人的'思维'方式不同，互有优劣，未来的人类想进化为'神'，而不是被机器淘汰，就要懂得取长补短，就要具备'人类的机器智商'，真正懂机器、懂得驾驭机器。"

　　讲到这里，我问："我们怎么才能真正懂机器？我们如何才能懂得驾驭机器呢？"

　　学生七嘴八舌："学习计算机语言""上大学""学习编程"……

　　我追问："我们当下最重要的任务是什么？周末花大半天甚至一整天时间打网络游戏值得吗？"

不少学生若有所思，默默地摇头。

我最后总结："简单来讲，沉迷于网络游戏，等于是被它消费和操控。我们掌握更多知识、积累更多经验、增长更多本领，才能成为游戏的控制者、人生的主宰者。"

连续几周，我都与家长密切联系，了解孩子在家里打游戏的时间，并和任课老师配合调控那几个"网游迷"的作业，鼓励学生的点滴进步，取得了良好的效果。

（重庆实验外国语学校　陈　涯）

41. 人生努力更美好

　　因外出培训几天，刚回学校，邻班的班主任徐老师就没好气地对我说："你们班真是'老虎不在家，猴子称大王'。你这几天不在，班上一直乱哄哄的，让我们班都不得安宁，我去制止了几次，都没有成功……"

　　我匆匆走到教室后门口，本想怒发冲冠地兴师问罪一番，但转念一想，我只是听说了他们的"劣迹"，并没有掌握真凭实据，在班上空泛地训话也没有实效。得找个好办法，让他们平稳度过中考前这段重要时期。

　　接下来的一段时间，我仔细观察学生课堂上、课间和午休时的表现，并用手机悄悄做了记录。不看不知道，一看吓一跳！初一、初二那群"纯正、听话"的学生似乎变得让我不认识了——课堂上，特别是在那些性格温和的老师的课上，开小差、讲小话的学生明显增多，甚至出现了三四个打瞌睡流出口水的"睡神"；课间，他们三五成群地追逐打闹，那声音比早读课还响亮几倍；午休时，有学生在争分夺秒地刷题，但也有学生在翻看小说，还有些学生在桌子上无聊地切着橡皮……

　　我该怎么办？思考后我决定对他们开展一次微班会教育。我认真准备了课件。

　　班会时间到了，我说："我们看些图片……"学生一听，顿时来了精神。我先让学生浏览了一组企业高管、政府公务员、高级技术人员工作环境的图片，学生一个个羡慕不已。随后又出示了另外一组图片：炎炎烈日下，头戴安全帽、满头大汗站在脚手架上的建筑工人；滂沱大雨中，身穿雨衣仍在挥动笤帚打扫卫生的保洁员；人山人海的招聘会上，求职无门而绝望叹息的求职者；等等。

两组图片形成了强烈的对比，学生在观看的过程中，似乎明白了什么，有的低下了头，有的小声讨论着。

我语重心长地说："同学们，我们一起观看了这两组图片，也许图中有你的父母，也许这就是你们以后的人生。我丝毫没有瞧不起普通劳动者的意思，作为一名教师，我只想尽到我的责任，提醒大家：如果现在不努力，将来找工作都困难；而如果我们努力了，将来你拥有美好人生的可能性会大一些。老师还给大家准备了这样一组图片，请看！"接着，我又播放了全国十多所 211、985 大学的全景照片。

学生观看着知名大学的照片，又是一阵羡慕。我说："这些著名的大学，大家都想进去，但只有靠勤奋踏实的学习态度和持之以恒的进取精神才能实现。可现在距中考仅剩四个月，你准备好了吗？"我又点击了一组之前拍摄的学生种种"不良表现"的照片。

学生看着我用手机拍下的一幕幕发生在自己身上的"故事"，有的惭愧地低下了头，有的脸顿时变得通红。我趁热打铁道："现在混日子就等于将来只能混日子，'狭路相逢勇者胜'，你也没有退路；只要有前进的勇气，并为之付出努力，就是进步！即便进步不大，那也是成功！老师想和大家分享一个天生残疾却没有被击倒的'巨人'——世界著名的激励演讲家约翰·库缇斯的故事。"

我播放约翰·库缇斯的照片，动情地讲述天生残疾、罹患癌症却扼住命运的咽喉，终成运动健将、演讲大师的故事。可能是约翰·库缇斯的故事真的感动了一颗颗年少而敏感的心，抑或是先前的图片激发了他们丧失的斗志，他们都若有所思。

最后，我感慨地说："同学们！中考时如果你取得了理想的成绩，我向你表示祝贺，因为你一定努力了；如果你考得不尽如人意，也不要心灰气馁，只要你真的努力了，就一点也不遗憾。中考只是人生的一个转折点，后面还有若干转折点，需要大家去努力把握。相信每位同学的人生都会因为努力而变得更美好！"

　　刹那间，我发现不少学生的眼里噙着泪水，但一张张充满朝气的脸上，写满了自信和对美好未来的憧憬……

（浙江省平阳新纪元学校　于建国）

42. 香樟苍翠，玉兰盛开

　　学生进入高一已经两个月了，基本进入了状态。很多学生都明白，进入高中，一个重要的目标就是考大学，但是，大学又有哪些呢？如何给自己设定适合自己的目标大学呢？

　　班会课上，我与学生分享了我的大学生活。

　　那天，我走进教室，对学生们说道："同学们，今天老师带着大家去一个地方！"

　　同学们瞬间欢呼雀跃，有几个甚至站了起来，还大声问："好！老师带我们去哪里？"

　　我笑着说道："这几个同学，请坐下，今天，我们不是到现场游览，而是跟着我一起神游。"

　　同学们似乎有些失望，毕竟他们都希望能够走出学校，亲近自然。

　　我接着说道："这个地方，我生活了四年，我的青春，我的爱情，都在这里。"

　　同学们听到了一个敏感词汇——"爱情"，而且是班主任的爱情，个个都来劲儿了，居然响起了热烈的掌声。

　　我打开PPT，一张照片映入同学们的眼帘，照片上是一片澄澈的湖水，湖边的杨柳有"万条垂下绿丝绦"的意境，湖边坐着一个看上去很阳光的男生，正捧着一本书看。

　　"老杨！""杨老师！""这个地方好漂亮哦！""小鲜肉哦！"同学们激动得叫了起来。

"当年，我还是比较年轻的，哈哈！"我笑着说道，然后又给他们看了几张学校的美景照，并给他们介绍：

"同学们，这张照片是一片樟树林，这也是重庆市少有的成片的樟树林，所以，我大学的校树就是樟树。"

"这张照片，是三月的玉兰花，玉兰花是很有特色的一种花，开花的时候，几乎没有树叶，等到花全部凋落之后，树叶就慢慢长起来了，这就是我大学的校花。"

坐在第一排的贺元萍感叹道："这所大学真漂亮！"

"精彩还在后边呢！"我又放了一组照片，全是美食，其中一张是我和室友在一家餐馆聚餐的照片。我介绍道："这家餐馆卖的是新疆大盘鸡，味道特别好，生意特别火爆，很多时候都需要排队的。"

"大学周边的美食很多吗？"刘昱含问我。她是一个公认的有品位的吃货。

我笑着说："是的，因为很多大学，都汇聚了天南海北的学子，因此大学周边也会有不同地域的美食，我们南方人也可以吃到很多来自北方的美食。当然，假如你到北方去读大学，你也可以吃到我们重庆的火锅和麻辣烫。"

我似乎感到很多同学的眼神有些游离了，也似乎感到他们在悄悄吞着唾沫。

"同学们，一所大学除了美景、美食，更应该有这些！"我切换了PPT，两位专家的照片出现在大家的眼前，我非常郑重地给大家介绍道："这位，你们在书上或者电视上看到过。"

"袁隆平。"有学生说出了名字。

"是的，这是袁隆平先生的照片，他被誉为'杂交水稻之父'，是第一位获得国家最高科技奖的科学家。他，是我的校友！"

"这位，可能很多同学不认识，他叫吴宓，曾经任职于清华大学、西南联大，他在 1925 年筹备了清华国学研究院，聘请了梁启超、王国维、陈寅恪、赵元任为国学院四导师，1950 年，到我的大学任教。他，我大学里的知名老师！"

"哇！这么厉害！"有的学生吃惊地说道。

"是的，一所好大学必须有厉害的老师才行，我的大学也许算不上名校，但是，它是教育部直属的六所师范院校之一，心理学和教育学专业在全国也是名列前茅的。"

我郑重其事地说道："同学们，这就是我的大学——西南大学。我用这短短 10 分钟，简单地展示这些，并不是为了炫耀我的大学和我的大学生活，而是想通过分享，让你们看到另外的世界，因为你们三年之后也会进入你们理想的大学。但是，你们理想的大学究竟在哪里呢？你们应该现在就学会去了解，为自己树立一个目标，这样，你们才更有奋斗的动力。我深信，三年之后，你们一定可以走进中国的名校，走进自己心仪的大学。那时，你们的人生一定是'香樟苍翠，玉兰盛开'！"

（重庆市中山外国语学校　杨　武）

香樟苍翠，玉兰盛开

43. 爱的责任

　　一天，劳动委员找我反映情况，说大扫除时有个别同学半途跑去篮球场打球，整体劳动效果也不理想，很多卫生死角都没有解决。我建议他安排劳动时尽量详细一些，落实到个人，落实到每一个地点。

　　劳动委员委屈地告诉我，每次都提前在课间宣布劳动安排表，而且还张贴在教室后面的黑板上，但劳动的时候，只要有一个人起哄说已完成，不少人就跟着走了。我叹了一口气，班上的状况我是很清楚的：这是一个刚分科的理科班，班上只有 7 个女生，剩下的全是男生，调皮的同学难免多了一些。于是我安慰劳动委员：请放心，老师会解决好这个问题的。

　　于是，我就在每周一次的 10 分钟责任教育课上解决这个难题。

　　课上，我把事先准备好的一份答卷发下去，并且在电脑屏幕上展示。内容是这样的：

　　高一（5）班是＿＿＿＿＿＿＿＿＿＿＿＿＿＿＿＿＿＿＿＿，
它＿＿＿＿＿＿＿＿＿＿＿＿＿＿＿＿＿＿＿＿＿＿＿＿＿＿＿＿，
我＿＿＿＿＿＿＿＿＿＿＿＿＿＿＿＿＿＿＿＿＿＿＿＿＿＿＿＿。

　　我笑着说："同学们，请凭你的直觉填写这三个空。"

　　学生有点摸不着头脑，交头接耳，有个男生还嘀咕："老师，现在是班会课，不是语文课！"

　　我摆摆手，示意大家安静。于是，同学们低头填写。很快，我又发下一份答卷，而且也在电脑屏幕上展示。内容是这样的：

高一（5）班是我的家，她现在有＿＿＿＿＿＿＿＿等困难，我决心通过＿＿＿＿＿＿＿＿＿＿＿＿＿＿＿＿＿＿＿＿＿＿＿＿等措施帮助她。

　　当学生们拿到这份答卷后，不再骚动了，安安静静地填写着。我则在课桌间巡视。

　　两分钟后，我拍拍手说："同学们，请停下笔来，我想听听大家的答案和感受！"

　　我环视了一下全班，目光落在杰宾身上，杰宾为人淳朴，而且是篮球高手，在班上有一定的号召力。巡视间我也看过他的答卷。于是，我首先请他回答。

　　杰宾说："高一（5）班是个理科班，它在二楼的第一个教室，我坐在第三排。"

　　班上一片笑声，我摆手示意大家安静，让他读第二个答卷。

　　杰宾接着说："高一（5）班是我的家，她现在有晚自习纪律差、地板墙壁不干净等困难，我决心通过从我做起、约束纪律、认真大扫除等措施帮助她。"

　　当杰宾读完第二个答卷，班上没有人喧哗了。

　　我请杰宾坐下，沉默了一会儿说："同学们，当你们来到高一（5）班的时候，你们可能把她当成一个学习的公共场所，你们在这里上课、看书、做作业，当然，也有同学在这里吃早餐、聊天、玩手机……（有少数同学尴尬地笑了），你们并没有爱上五班，你们对她也没有什么责任感。比如说，当你们劳动时，你们也仅仅把劳动当成任务，尤其是老师不在的时候，有些同学就跑去打篮球了。同学们，老师不是不知道这些情况（说到这里，有些同学低下了脑袋），我只是在等待，等待你们的成长。（我沉默了十几秒）同学们，当你们填写第一张答卷时，反映的正是刚才我说的这种状况，但当你们填第二张答卷时，老师走了一圈，看到你们写的和杰宾的差不多，说明你们还是充满爱心的，当你们把五班当成自己家的时候，你们就会想到她是多么地需要你们的呵护，你们才会感觉我们是一家人！"

教室一片肃静。我又请文耀起来说说感受。

文耀是班上自我管理较差的学生，纪律委员时有反映文耀和周边同学说话，经常带早餐回教室吃，起哄带头去打球的也是他。

文耀挠了挠头："以前在初中和高一上学期时，我都没想过这个问题，现在有些明白了，一个好的家庭是要家庭成员自己努力的……"

我接过他的话头："很好，一个好的家庭是要家庭成员自己努力的，只有我们爱这个家庭，我们才会懂得负起责任来！同学们，和文耀一样，从今天起，我们一起来修复、建设咱们的家吧！"

同学们鼓掌。文耀红着脸坐了下去。

我再次摆手示意安静，继续补充："既然大家都有这个想法，那么，如何来实施建设家园的方案，就由劳动委员和全体同学商量制订。明天晚自习前把方案交给我，我希望内容具体，措施明确！"

这时我点击播放潘美辰的老歌《我想有个家》："我想要有个家，一个不需要华丽的地方。在我疲倦的时候，我会想到它……"

歌曲很有感染力，很多人脸上现出若有所动的表情，我知道他们已经明白了。因为我们用爱共同开启了责任之门。

（广东省佛山市高明区纪念中学　黎　强）

44. 小魔方

　　高一学生入校两个多月了，但部分学生的自觉性和自我约束力还明显不够。

　　期中考试结束后，我本想利用班会课强调纪律和考试的问题。但当我走向教室时，远远望见一群学生围着 A 同学，煞是热闹，我仔细一瞧，原来是 A 又在玩魔方。

　　这段时间他们似乎乐此不疲，我意识到解决这个问题已刻不容缓了，但潜意识告诉我爱玩爱闹是孩子的天性，莫冲动，更不必生气。

　　多种教育方式在我脑中飞过，但我觉得欠妥。毕竟，此时学生也确需放松。忽然一个灵感闪现，我心中便有了初步构想。

　　"小 A，刚才在干吗呢？"他低头不语，全班沉默。

　　"大家怎么啦？"我走上讲台，面带微笑地说，"这样吧，几天考试都累了，让我们放松一下，搞个转魔方比赛如何？"

　　大家顿时露出惊讶的神色，但我善意的表情打消了他们的顾虑，随即一片欢呼。

　　看到小伙伴们兴致来了，我继续说道："魔方是死的，是转它的人赋予了它生命。来，小 A，你先试一下？"

　　小 A 将信将疑，但在同学们的热情掌声中他只好走上讲台，我也趁机把他手中的魔方打乱，还特意故作艰难地多拧了几次，让他尽快复原。

　　他马上接过魔方，毫不迟疑地转动起来……

　　尽管他动作十分娴熟，故作镇定，但此时在全班屏气凝神的关注中，他手中的魔方好像有点不听使唤了。不一会儿，他已大汗淋漓，在焦躁中不得不放弃。下台时他还自圆其说："哎，太紧张啦！这在平时也就分分钟的事儿！"

我未作评价，只是说："来，继续，你们手中有魔方的，都上来同台PK下。"

同学们七嘴八舌推荐班上的魔方大神，大神们此时竟也毫不推诿，争先恐后。更让人惊诧的是班上还真有好几个魔方。

"好，一起来比试下！你们先把魔方按照你们认为最难的方式彼此打乱，以速度定胜负，冠军只有一个！"

顿时全班氛围高涨，掌声、欢呼声不断。

大神们走上讲台，在紧张角逐后小B以最快速度胜出，其余人也只能在慌乱和不甘中草草收场。

"好，让我们向冠军和所有参与的同学表示感谢。下面请冠军小B发表获胜感言吧！"

"其实，他们平时也都不错，有时比我转得快。可能是刚才太紧张，没发挥好吧！"

"是这样吗？"

其余人频频点头。

我好像也意犹未尽，也想继续将高涨的氛围推进："同学们，魔方玩法中难度可升级吗？"

"可以！"台下几乎异口同声，然后众说纷纭，甚至有人还提到了《最强大脑》上高难度的魔方墙。

我也从他们言谈中听到了几个关于玩转魔方的关键词：阶、面、口诀、记忆……

"你们挑战过最难的吗？有人敢试一下吗？"他们纷纷摇头再低头，场面再度陷入尴尬。

"好，我来试一下！我挑战闭着眼转好吗？"我一本正经地说道。

"啊？！"小伙伴们惊呆了，没想到何老师才是高手，旋即又是异常热烈的掌声。

我明白他们急于欣赏一场真正的高难度表演。于是，我虚闭上眼，把手伸直，做出马上要开拧的姿势。他们也睁大眼盯着我……

"哎，这你们都信啊？"我把手放下，"其实我根本就不会呢！"

"切！"小伙伴们先是露出失望的表情，但马上又看懂了我的故意愚弄，顷刻间大笑起来。

笑声过后，我说道："同学们，刚才我们玩得很尽兴，现在我想请大家谈谈对本次活动的感受。"

他们各抒己见，畅所欲言。有人谈到了学习上的不断钻研，有人谈到了技术上的勤学苦练，有人谈到了心理素质对临场发挥的影响……

嘿嘿，这些不正是我刚才想给他们"洗脑"的内容吗？一切尽在不言中！

最后，结合他们的发言，我作了如下归纳："第一，考试如同玩魔方一样，除需较强的基本功外，还需苦练良好的心态、临场发挥的能力和较强的心理素质。第二，高手就是能将简单的东西练到极致，形成绝招。魔方要记熟口诀，练好手上功夫，盲目瞎转不能成功。学习也一样，希望大家多找方法，转换思维，勤加练习。第三，学习应劳逸结合，放松身心，但应分清休息与玩乐、玩乐与学习的关系，树立较强的时间观念，明确当前最需要做的事。"

听完我的这番话，小伙伴们悄悄地收起了魔方。

看来，小魔方要发挥大魔力了！

（四川省广汉市金雁中学　何林忠）

小魔方

45. 座位与算盘

　　期中考试以后，好几位同学和家长找我，请求换座位，理由五花八门。视力不好是学生家长的首选理由，除此之外，有的认为孩子听力不好，有的认为孩子自制力差，还有认为孩子性格内向，坐在角落里会受冷落，更有甚者，说与学习委员同桌感觉压抑，觉得学习委员压着她，希望换一位成绩差不多的同学做同桌。为此，我决定给学生们上一堂有关座位排列的微班会。

　　首先，我给他们看了这样一张图片，让他们自己找一下自己所在的区域，学生们为图片上幽默风趣的描述所吸引，马上七嘴八舌地讨论起来。

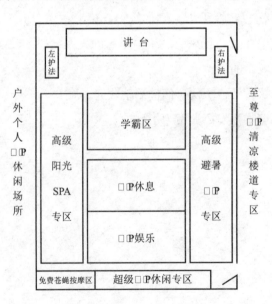

小王说："我是在高级避暑 VIP 专区，冬天确实很'凉快'！"小宋咋呼："小磊在学霸区，太逗了！"小杜嚷嚷："免费苍蝇按摩区，的确如此！"小侯笑道："左护法、右护法，咱们班也有哦，哈哈！"

我问同学们："大家说你们的座位真的如图上所说的吗？学霸区真的盛产学霸吗？期中考试以后很多同学借口坐在后排以及同桌影响导致学习成绩不理想，来找老师，那么大家想一想，座位与同桌真的对你们的学习成绩有很大的很直接的影响吗？"

小李说："我认为有影响。我就愿意和晓艳坐一起，坐到讲台前，也当一回学霸。"

小胡站起来说："也不完全是图片上的那样，我个子高，坐前面就挡住别的同学了，现在一个人坐后排成绩也不差啊，所以在哪个位子上跟学习成绩关系不大。"

我说："同学们，到底座位和成绩有没有很直接的联系呢？让我们一起验证一下。现在请大家拿出算盘来，我们来复习一下算盘的结构。"学生们拿出算盘，放到桌子上。

本学期学校开设珠算课程，同学们对算盘的结构了如指掌，他们都能够说出算盘的结构与每一部分的作用。（算盘的基本结构分为框、梁、档、珠四部分，横梁将算盘分为上下两部分，上面的算珠称为上珠，下面的算珠称为下珠。上珠一珠作 5，下珠一珠作 1。）

"同学们，如果把现在班级的座位布置放到算盘对应的位置上，想想自己是哪一颗算珠。"我笑着对他们说，"大家觉得算盘上的哪一部分最重要？或者两颗算珠挨着排列，在运算时会互相影响吗？如果把现在所有的算珠打乱，重新分配，运算时又会有怎样的变化？"这时，学生们异口同声地回答："哪一部分都不可缺失，同时算珠互换不会影响运算。"

紧接着，我又发问："那么，再联想到大家的座位呢？回想一下，咱们班是如何排座位的？"于是学生们从军训开始回忆，一时议论纷纷。

我说："咱们班在排座位时，遵循了两个原则，一个是自然，即按照大家的身高，矮个子在前，高个子在后，因为男生比较少，所以让男生单独一列，安排时把男女生搭配开。至于视力，我们是这样考虑的：因为视力问题从我们班级乃至整个学校来看，属于共性问题，建议大家通过配合适的眼镜来解决。第二个原则是互补，即让学习成绩或性格差异很大的同学坐在一起，通常是成绩好与成绩差的同学坐，好动与好静的坐，这种排法的初衷是希望让学习成绩好的同学带动学习成绩差的同学，达到共同进步的目的。而实际上，每位同学的座位是定期轮流换的，不存在长时间从一个角度看黑板的问题，也不存在老坐在角落里的问题。刚才咱们也达成了共识：座位就像算盘一样，每个位子都是算盘的一部分，哪一部分都不可缺，算珠互换不会影响运算，座位互换也不会影响成绩提高与否。所以，不管你坐在哪一个位子上，学习习惯和刻苦程度才是你成功的关键。而且也不会有'高级避暑 VIP 专区''免费苍蝇按摩区'等奇葩区域。同学们，不要让座位成为影响你们情绪的理由。让我们携起手来，共同努力吧！"

听了我的总结，同学们脸上露出了会心的微笑，有的甚至鼓起掌来……

（山西省平遥现代工程技术学校　贾巧珍）

46. 两张纸币与一头大象的故事

周一下午，班会课。

进了教室后，我发现学生们无精打采的，一问才知道上节专业课老师狠狠地批评了他们，原因是新开的一门专业课有好多学生没有按时完成作业。

我问学生们："你们为什么没有完成作业？"

学生们答道："老师，太难了，头像比例我们实在是把握不准。"

这时我又想起前几天数学老师和英语老师向我反映说部分学生意志消沉，上课的内容听不懂，几乎放弃了对这两门课程的学习。回想他们入学的场景，曾经中考的失败给他们的心理造成了巨大的打击，使他们自信心严重缺乏，碰上一些挫折，就产生消极的念头。

想到此，我说："今天，我们先来做个游戏。现在请大家拿出一张100元的纸币或者一张1元的纸币。"

学生们满怀疑惑地把钱拿了出来，有的是100元的，有的是1元的，此时我在学生手里挑选了一张崭新的100元的和1元的纸币说道："请看这两张钱币，哪一张的价值大呢？"

"100元的价值大！"学生异口同声地回答。

"现在让你选一张作为我送给你的一份礼物，你愿意要哪张？"

"100元的。"好多学生喜笑颜开地说。

这时我把那张崭新的100元纸币收起来，然后慢悠悠地在教室里转了一圈，接着又从口袋里拿出一张表面破旧而且皱巴巴的100元纸币，然后双手举起这张纸币和手里另一张崭新的 1 元钱纸币说道："现在再让大家选择一次，两张钱币你喜欢哪张？"

一个调皮的学生答道："老师，我还想要那张 100 元的。"

好多学生也附和道："还要 100 元的。"

我笑呵呵地说道："大家可注意了，这张 100 元可是比这张 1 元的旧了好多呢。"

"那我们也要 100 元的。"

我问道："为什么呀？"

"因为还是它值钱，买的东西多。"

我借机说道："同学们，你们的回答非常好。那么你们再思考一下，是什么决定着它们自身的价值，是外表还是内在？"

"老师，是内在的价值决定的。"刘瑞大声地说道。

我高兴地点了一下头，说："同学们，下面听老师再讲个小故事：一头大象在它小时候被一根不太粗的链子锁住，那时由于身体弱小，它经过无数次努力都不能挣脱链子的束缚，后来就停止了挣脱。长大以后，它的力量足以挣脱链子了，然而它不再去努力。即使链子放在它身上不加任何固定，它也不会去努力。现在大家思考一下，后来大象是有能力挣脱链子的，但为什么却没有挣脱掉？"

"因为它已经失去了摆脱铁链束缚的勇气了。"

"因为它从内心已经不相信自己了。"

听着他们的回答，我点头说道："同学们，通过第一个游戏我们知道了，决定我们人生价值的是我们自己的内在价值，当你是 100 元时，不会由于一些外在的影响、评价削弱你内在的价值。第二个故事告诉我们，作为一名学生，我们应该努力修炼我们的内功，让自己人生的价值最大化，同时我们也要坚定信心，努力前进，不要受到以往经历的束缚。"

说到此，我发现学生们眼睛里重新流露出明亮的光芒，教室里响起了一阵掌声。

（山西省平遥现代工程技术学校　申志兵）

47. 一滴水的幸福

在我们班的练字习作中，学习成绩名列前茅的小王同学在他的练字本上写下："努力学习没意义，不如去学挖掘机。"

作为教师，我并不反对他们立志成为一名光荣的祖国建设者，只是作为高中学生，他们却对文化学习的意义如此迷茫，我因此失望，更因此心疼。

如今的社会，物欲横流，许多人都在"向钱看"，高中生耳濡目染，很容易认为"今日的学习只是为了明日赚取更多的金钱"，他们之所以将"学习"和"学挖掘机"进行比较，是因为他们认为"学习文化"比"学挖掘机"难度大，而且未来的收益不一定高。这实在是对教育的误解，更是对自己成长方向的迷失，尤其他们发现社会上有些人"上个好大学并不能找到好工作"时，就质疑学习的意义，从而失去刻苦学习的动力。

我决定带着孩子们一起来寻找现在学习的意义。

班会课上，我问："同学们，你们幸福吗？"学生们七嘴八舌地喊着"幸福"或"不幸福"。

我接着说："那我们来讲一个有关'一滴水的幸福'的故事，以'我是一滴水'开头，前两组（10个学生）来玩故事接龙。"

"我是一滴水，生活在山间的小溪中，看着单调的景色，过着乏味的生活。"小祝同学首先说。

"有一天，我想走到山外去，去看不同的世界，寻找幸福的生活。"

"我在阳光下变得越来越轻，我飘到了空中。"

一滴水的幸福

"正值夏日，毒辣的太阳炙烤着大地上辛勤劳作的人们，我赶忙用自己的身体遮住太阳，人们舒服多了。"

"我继续飘呀飘，飘到了长安二中教学楼的上方，听到高一（1）班的同学们在谈论我，我好幸福啊！"全班同学哄堂大笑。

"我继续飘呀飘，遇见了很多的兄弟姐妹，我们紧紧抱在一起，我终于不再孤单了，我好幸福啊！"

"我们拥抱在一起，继续向远方飘去，风哥哥吹散了我们，我又孤单了，我好不幸啊！"

"我伤心地飘着，飘到了一条大河的上方，突然觉得一阵哆嗦，变成了雨滴落了下来。"小冯同学意识到故事快要结束，匆忙将"水滴"拉入大河，似乎水滴真正的幸福还得还原成"水"。

"我和大河里的其他水滴被农民伯伯引到了稻田里，灌溉庄稼，看着粮食丰收了，我好幸福啊！"小田同学心领神会地接上了上一个同学的接力棒。

"我用我的力量浇灌了农田，哺育了大地上的人们，我知道，这才是我真正想要的幸福！"

掌声顿时响起。

看到孩子们有了共鸣，我接着说："这滴水在不断地寻找幸福，它体尝了'获得认同感'的幸福，感受了'找到归属感'的幸福，然而，它的终极幸福是什么呢？"

学生们叽叽喳喳地说："实现价值，滋养生命！"

我说："真棒！这是大家设想的一滴水的最大的幸福，这份幸福并不是在阳光下呈现出的七彩的绚烂，也不是体验江河入海的磅礴，而是经过蒸发为云、凝结为雨的过程，起起落落历尽艰辛，最终奉献给大地上的芸芸众生。大家都来想一想，我们每一个人的终极幸福是什么呢？"学生们陷入沉思。

我继续说："我们经常说，'学习是为了将来的幸福生活'，在故事接龙里，这滴水'奉献自己、滋养生命'的幸福追求，赢得了同学们的掌声，这其实揭示了同学们心底最认同的价值观——每一个人的幸福不单纯是索取，更多的是倾情奉献，这就是我们学习的最大意义。不论未来选择什么职业，我们都要在属于自己的几十年生涯中扮演那个赠予他人幸福、为集体奉献温暖的角色，在'赠予'和'奉献'中体验属于自己的幸福。"

"我们现在努力学习科学文化的基础知识，就是在为将来的'赠予'和'奉献'作准备，即使我们以后要学开挖掘机，也要当那个最熟悉技术原理、效率最高、生产产值最大的优秀司机。今天的学习枯燥乏味，重复性强，这不就正如同那滴水蒸发凝结吗？"

"最后，送给大家《雷锋日记》中的一句话：'如果你是一滴水，你是否滋润了一寸土地？如果你是一线阳光，你是否照亮了一分黑暗？如果你是一颗粮食，你是否哺育了有用的生命？'"

在我激情的讲述中，学生们心领神会地笑了。

（陕西省西安市长安区第二中学　李　君）

48. 突破思维的墙

10月份全校班主任会议上，政教科宣布了9月份黑板报优秀班级名单，其中有与我们班平行的2班和3班，也有重点班4班和6班。说实话，当时我的心里有一种说不出的不舒服，虽然黑板报是个小奖项，但架不住比较呀。比咱强的能得奖，跟咱平行的也得了，难道我们1班真的很一般吗？当时我就决定就此事在班会课上跟学生们说道说道。

周一下午班会课时间，我对9月班级考核作了详细回顾和总结，最后把重心放在了黑板报上。

"同学们，2班、3班、4班和6班都是上个月的优秀黑板报班级，咱们1班落后了，大家怎么看？"我把问题抛给了学生。

宣传委员李文昕立马站起来，委屈地说："老师，我们也做得很认真啊，同学们感觉也不错，是不是政教科考核不公平啊！"

我说："同学们，遇到问题，不要先找客观原因，而应该在主观上找原因，大家应该亲眼看看其他四个班的黑板报怎么样再作评论，没有调查就没有发言权嘛。"

说到这里，我向班长使了个眼色。班长任星俊迅速走上讲台，打开多媒体开始播放前天拍摄的其他几个班级的黑板报照片及视频。

还没看到一半，急性子的王辰煜抢先说："人家的确实比咱们的漂亮，没想到他们都用了水彩颜料，水彩颜料比彩色粉笔鲜艳多了，怪不得……"

接过话茬，我说："不怕做不到，就怕想不到，如果想得到，咱们也能做得到。看来大家的思路出了问题，接下来我们做一个关于思路的游戏。"

在动画片《邋遢大王历险记》中出现过一把"智慧锁",它的大体形状如下图所示:

下面要求同学们也试着解开这把智慧锁,要求用连续的四条直线把以上九个点全部连接起来,只能一笔完成。

同学们饶有兴趣地尝试,但都失败了。

尝试1:

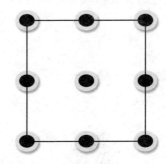

结果:尝试1错误,中间点没有被连接。

尝试2:

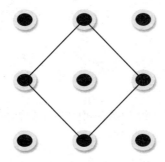

结果：尝试 2 也失败，四个角四个点和中间一个点没有被连接。

尝试 3：

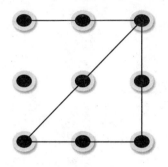

结果：尝试 3 还是失败了，左面中间一个点没有被连接。

以上三种常规的做法都发生了错误，学生们又尝试了好多种方法，模式大同小异，结果都以失败告终。学生们一筹莫展，议论纷纷，甚至开始怀疑这道题的正确性时，我再次重申了开这把锁的要求。并把正确结果展示在黑板上：

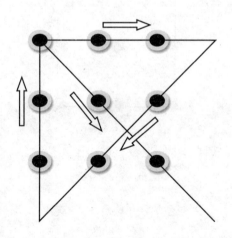

当最后一笔落下时，学生们惊呆了！怎么可能？怎么可以第一笔跨出下面的界线继续往外画呢？

针对学生们的疑惑，我继续追问："要求里面说不让跨出界线吗？"

学生们回答："没有！"

我说："既然没有限定，那你们为什么都不敢跨出这条界线？是什么导致大家不敢这么想呢？"

学生们陷入沉思。

最后我总结道："同学们，刚才全班同学没有一个人敢跨出这条界线，都认为应该在 9 个点范围内完成作答，归根到底，是大家的思维有定势，所有的想象都被自己的定势给限制了。陷入思维定势，就这道题而言，将无法做出正确的答案。我们可以将这种思维定势称为'思维的墙'，是它限定了我们的眼界和思维，限定了我们的出路，因为思路决定出路！既然认识到思维定势或思维的墙的负面影响，那么，在今后的学习和生活中就要试着突破这堵思维的墙，那时的我们定会有'柳暗花明又一村'的感觉。"

话音刚落，王辰煜站起来自告奋勇地说："老师，以后的黑板报就由我来做吧！我知道怎么做了。"

此后的 10 月、11 月我们班的黑板报都被评为优秀黑板报，12 月也是美美哒，只是没有评选而已！

（山西省平遥现代工程技术学校　安铁宝）

49. 回忆的相册

　　一年级的第二学期，班级里的同学关系进入了一个"微妙"的阶段：刚入学时"蜜月期"的新鲜感逐渐消失，而磨合期还没结束，同学们都在相互适应的过程中，逐渐暴露出问题来。尤其是对于一个有着 42 个男生的班级来说，缺少了理解和包容，因为一点点小事，哪怕是个玩笑，都会产生摩擦、口角，甚至肢体的冲突，影响了集体的和谐。怎么办呢？几经思考，我有了主意。

　　这天晨会，我就班级有关事务作了处理后，特意播放了一段小视频，起名为《我们相识的 220 天》。视频的素材来自我平日里在学习、生活和活动中拍摄的学生照片：军训中的飒爽英姿、生活中的互帮互助、迎新晚会的各展其才、运动会上的全力投入……5 分钟的视频相册，囊括了入学 220 天以来我们的共同生活。

　　同学们看得聚精会神，时而兴奋大笑，时而相互调侃，班级的气氛活跃起来。

　　在视频的最后一段，我播放了全班每个同学的笑脸照片，配上了陈奕迅演唱的《陪你度过漫长岁月》的一段歌曲："走过了人来人往，不喜欢也得欣赏……"也许是受了歌曲意境的感染，同学们看着看着就安静了下来，有的同学眼里已然泛起了泪光。

　　视频播放完，我问道："同学们，这是一本回忆的相册，每张照片背后都有一段故事，哪位同学可以简单地讲一讲他的故事？"

　　小宇第一个站起来，满脸得意地说："看到那个叠被子的照片没？想当初军训要求把被子叠成豆腐块儿，还要评比检查，我们下了多少功夫。怎么样！标兵在我们寝室吧。"

我点头表示赞同："绝对是功夫不负有心人！我每次去寝室检查，他们都在你教我学，互帮互助，真是好温暖，直到现在他们寝室仍然是标兵！"

小班紧接着说道："看刘峰收拾卫生角那张，我是真佩服他，每天收拾三次，又擦又扫，坚持了大半年了，多不容易。从今天开始，刘峰，我和你一起！"掌声自发响起来，刘峰站起来，给了小班一个拥抱。我也竖起大拇指说："在我们的家里，总有这样一些人，默默奉献，让我们感受到了他们对这个家深深的爱。今天我们看到了，刘峰不是一个人。"

体委小奇也急切地站起来："那次运动会跳绳比赛，大壮崴了脚不能上了，我一喊，咱班呼啦啦去了好几个人，都没练过，直接就上，真是给力呀，我谢谢大伙儿！"

"应该的，班级需要我们嘛。"有人应声说道。

我说："是呀，一家人不说两家话。咱家孩子都记住了到什么时候都有人给我们做后盾，大家就放心大胆地往前冲吧。"同学们齐声喝彩。

这时小艾站了起来："看到那张班长给我擦眼泪的照片了吗？那次我迟到了，班长说我了，我气不过，就和他吵。谁知道下课后他来给我赔礼道歉，我都感动哭了，他还给我擦眼泪！我愿意和他做一辈子的朋友。"又是一阵掌声响起。

我说："我们在集体里生活，都会遇上点事儿，也都会说错话，办错事，那么什么才是最重要的呢？他们的这个故事让我看到了尊重和理解的力量。"时光流逝，故事就这样一个接一个，传递着爱和友谊的力量。

下课前，我作了总结："魏书生老师曾说过：'班级像一个大家庭，同学们如兄弟姐妹般相互关心着、帮助着，互相鼓舞着、照顾着，一起长大了，成熟了，便离开这个家，走进了社会。'是呀，一个温暖大家庭的建立离不开每个成员的付出和努力，我们也会在这样的家庭中快乐成长。今天，就在这里，我要说能够成为这样一个家庭中的一员，我感到无比荣幸和自豪。你们呢？"

　　瞬间，班级里爆发出热烈的掌声，我知道，他们在回忆的相册中找到了感动的瞬间，也找到了和谐相处的秘诀。

（辽宁省大连市轻工业学校　沈　艳）

50. 生日的祝福

　　我们班级的班干部有一段时期经常跟我反映："老师，咱们班的同学只知道学习，练习技能，天天就练习指法器、点钞、打传票、计算器，要不就是学习会计。其他事情什么都不管不顾。你看运动会上，就是那么几个人报名参加，有些人明明体育很好，能跑能跳的，但是就不参加任何项目的比赛，班委会已经动员好几次了，就是不同意上场。我们说多了，他们就翻脸不高兴了。跳绳比赛也是，'一二·九'活动也是。还有校园歌手大赛，有些人平时挺爱唱歌的，唱得也不错，但是就是拒绝报名参加比赛。我们觉得咱们班级里缺少一种温暖，同学间的关系很冷漠，有些人很自私，事不关己，高高挂起，只有涉及了自己的切身利益，才会表现出积极的一面……"

　　经过一段时间的观察和思索，我觉得一个只有学习没有活动的班级是缺乏凝聚力的。经过我和班委会商讨策划，决定利用下午课前的 10 分钟，给当天过生日的同学送祝福，举办属于每个人的微型个性生日会。

　　12 月的第一个周五，是我班王欣同学的生日。下午上课前的 10 分钟，在班委会成员的精心安排下，全班同学都作好了准备。

　　王欣同学一进教室，同学们便手拉着手把"小寿星"围在了中间。当时王欣先是愣了一下，紧接着同学们一起唱起了生日歌，大家手拉手围着王欣转起来。

　　"王欣，你是一个善良的女孩子，你对我们每个人都很好。"

　　"王欣，你很勤劳，总是抢着我们不愿意做的脏活累活干。"

"你很容易相处，总是包容我们，不跟我们计较。"

"王欣助人为乐。""欣欣礼貌待人。""心胸宽广。""性格开朗。""活泼大方。""为人谦逊。"大家你一言我一语，争先恐后地细数着自己心中王欣的各种好处。

王欣被这突然的"优点大轰炸"惊呆了，满脸笑开了花，说："原来我在大家的心目中，有这么多的优点啊！我好开心啊！真是谢谢你们！"

说完，王欣微笑着走过去开始拥抱每一个同学，这里有26个温馨的祝福等待着王欣的深情拥抱。

"祝你生日快乐，学习进步！""生日快乐王欣，心想事成啊！""生日快乐欣欣，祝福你毕业后找到自己理想的工作！""祝你天天好心情，做个快乐的天使！"

当王欣走到郭颖聪的面前时，那一刻时间仿佛静止了，但也仅仅是迟疑了片刻，王欣微笑着张开了双臂，郭颖聪不好意思地上前一下抱紧了王欣，轻声说："王欣，以前我们之间发生过一点不愉快，都是我不对，不知道你愿不愿意原谅我？"王欣笑呵呵地拍着郭颖聪的肩膀："聪聪，你想到哪里去了啊！咱们是同学，是一家人！我们以后还是好姐妹！"

得到了同学们的祝福，王欣感动得要哭了。她拉着大家的手说："感谢大家为我精心准备了这个温馨美好的生日会，我很高兴，很激动，更多的是感动！这是我最难忘的生日会，你们的每一句话语都是我最宝贵的生日礼物！衷心地感谢大家！我爱你们！"

话音未落，同学们已经拥抱在了一起。此情此景，让我感动不已。此时，在我面前是如此相亲相爱的一家人，而那些自私的面孔已不复存在。

一个个个性化的微型生日会是同学们成长的动力源。如今，我们班已经成长为一个强大的班集体，大家心往一起想，劲往一处使，拧成一股绳，为了班级的蒸蒸日上，大家万众一心地努力着。

（辽宁省大连市金融中等职业技术专业学校　胡　丹）

51. 微笑的力量

进入二年级第一个学期的时候，班级矛盾异常的多，学生总是因各种鸡毛蒜皮的事就吵起来了，可谓是"此起彼伏"，更有甚者，因为言语间的冲突而大打出手。

我意识到，班级冲突的一个很重要的原因是许多同学在遇到事情的第一时间，易躁易怒，攻击性爆棚，像一个行走的弹药库一样，一碰就引发小规模爆炸。针对这种严重影响班级稳定的情况，我决定给学生开个"学会微笑"的微班会。

班会课上，我将提前准备好的视频《微笑的力量》播放给学生，视频中有人被抢了车位，被撞丢了文件，被人不小心泼了一身咖啡……一件件看似很微不足道的事情，因为主人公的愤怒占据了主导地位，演化成一起起暴力事件。而换一个视角，当主人公从被激怒到想抡起拳头说话，转变成一个微笑时，对方回馈的也是歉意的微笑。

看过视频后，我问大家："你们有什么感受呢？"

郭晓楠说："多笑一下。"

王向凯说："微笑可以解决矛盾。"

原豹说："伸手不打笑脸人。"这个孩子人如其名，做事总是带有豹子的野性，说话自带火气，班里很多冲突都有他的参与。他的话引起全班的一阵笑声。

我笑着说："看来原豹同学挺聪明的嘛，要是你平时也多笑笑的话，相信更多人会喜欢你。"原豹听了，有点不好意思，嘿嘿笑了一下。

接着，我对其他人说："你看，当你把微笑、乐观作为你的情绪主导时，因为一个微笑，再陌生的两个人也因此变得充满了善意。"

学生们听了，都信服地点了点头。

接着，我把事先准备好的两份手绘 CAD 课的作业拿出来，因为我们这学期开的专业课程是手绘 CAD。他们都知道，绘画中主要的步骤是，首先画主墙体结构，并将线条加粗，在凸显主墙体结构的情况下，才可以绘画墙面的装饰物，并且装饰物的线宽不能宽于主体结构，所以主体是结构，其次才是装饰物，这样画面才有层次感，客户才能在第一时间接收到重要的画面信息。我准备的作业呢，一份是按正确的画法凸显主结构的作业，一份是错误地凸显装饰物的作业。

我问学生："大家看一下，这是我们班同学的作业，有什么区别呢？"

原豹说："一张图是对的，另一张是错误的。"他还好奇地问道："老师，这是谁的作业呢？"

我又问道："那是怎么错的呢？"

张俊凯回答："CAD 手绘的时候，主体结构线要加粗，并比装饰物的线要粗，那张错误的过分强调了装饰物，都看不到主体结构了。"

我又问："主结构加粗的原理是什么？"

原豹抢答道："客户看图的时候，先看到画面的重点——结构。"

我再一次笑着夸奖了他，并说道："你看，咱们手绘是这么个原理，绘图者将画面主次分清，看图者才能第一时间接触到正确的东西。我们做人是不是也要这样呢？大家天天在一起，如果遇事学会宽恕，先给别人一个微笑，别人先接收到的讯息就是你的善意，那么很多冲突是不是就可以避免了？"

很多学生听了我说的以后，都不由自主地笑了，然后我借着这个契机，提议大家走到曾经和自己闹过矛盾的同学面前，主动给予对方一个微笑、一次和解。

刚开始大家比较害羞，好多人不好意思。有一个想和解的同学一直苦于羞涩，没法表达，正好有这个机会，就站起来走到另一个孩子跟前，一边说对不起，一边想去拥抱对方，对方愣了一下，随即笑了，两个人拥抱在了一起。其他学生也纷纷站起来，去跟曾经吵过闹过的同学，微笑着握手言和。

看着他们开心的笑容，我很欣慰。我们常常认为，微笑宽恕是一种软弱、一种妥协，甚至是一种对他人的纵容。其实，一个明理的人，都有他自己的尺度，微笑、宽恕，恰恰是最大的惩罚和教育。

好的教育不是让人学会何时杀戮，而是懂得何时微笑宽恕。

（山西省平遥现代工程技术学校　史锦丽）

52. 不要让爱情的小船说翻就翻

一个女生在周记中写道："王老师，今天一个男生送我礼物，我把礼物退给他了，请问这样做会伤害他吗？我这样做，对吗？"她的问题引起我的思考。我感到孩子们在拒绝时顾及对方的感受是对的，但因为顾及感受而质疑拒绝却是不可取的。

自修课时，我在黑板上写下"不要让爱情的小船说翻就翻"几个字，孩子们一看就兴奋起来，叽叽喳喳。我笑着说："我们先来做两道选择题吧。"

1. 他很爱她。她细细的瓜子脸，弯弯的娥眉，面色白皙，美丽动人。可是有一天，她不幸遇上了车祸，痊愈后，脸上留下几道大大的丑陋的疤痕。你觉得，他会一如既往地爱她吗？

A. 他一定会　　　　B. 他一定不会　　　　C. 他可能会

2. 她很爱他。他是商界的精英，儒雅沉稳，敢打敢拼。忽然有一天，他破产了。你觉得，她还会像以前一样爱他吗？

A. 她一定会　　　　B. 她一定不会　　　　C. 她可能会

有的孩子一看，马上说"选 B""选 C"。

我说："同意选 B、C 的举手！"班上一大半的学生举起了手。

我又说："看来美貌和财富是爱情的重要条件啰！"许多孩子笑了。"是呀！"他们大声地说。

我继续问："你们能说说爱情需要一些什么条件吗？"

"美貌""财富""共同的爱好追求""相称的门第""匹配的身高""美好的品德"……孩子们七嘴八舌地说着。

"好，请选出你认为最重要的并说明理由。"

孩子们稍稍愣了一下。有孩子说"我选共同的爱好追求"，也有孩子说"我选财富美貌"。

"理想方"说："有共同的爱好和共同的追求，爱情才会长久，不管遇上毁容还是破产都不会让爱情的小船说翻就翻的。""财富方"说："毁容破产是很惨，但那是个别例子，不是人人都会遇上的。一般来说有了钱之后我们可以培养很多的共同爱好。""财富方"还没有说完，一阵叫好声就从更多的男生嘴里发出来。

我一看双方拧上了，正中下怀，于是我说："我发现你们双方的观点都体现出对爱情的认真严肃，这是值得点赞之处！"孩子们流露出高兴的神情。

"其次，你们都希望爱情能够恒久远，不过纯粹的爱情是不能恒久远的。"听到这句话，孩子们都惊异地看着我。

我一笑，接着说："大家知道爱情的真相是怎样的吗？"

孩子们一下愣住了。有人小声说："不知道。"

"2000年诺贝尔生理医学奖获得者阿尔维德·卡尔森的研究成果说明，爱得意乱情迷是一种叫多巴胺的物质作用的结果，它的分泌会让你以为爱可以恒久远。但事实是我们的身体无法一直承受这种刺激，所以一对情侣之间的炽热爱情最多只能持续30个月左右，当多巴胺罢工，爱情就会归于平淡，此时一些人的爱情小船说翻就翻了。"

可能以前没有听说过，孩子们此时眼睛都睁得大大的。

我继续说："所以很多中学生当初寻死觅活要在一起，没想到高中毕业时爱情就烟消云散，这不仅让人倍感没劲，更有人因为恋爱耽误学业后悔不已，这些都是多巴胺罢工的结果。"孩子们听到这里，露出恍然大悟的神情。

我话锋一转："但并不是所有人的爱情小船都会因为多巴胺的罢工而

沉没，是不是？"孩子们纷纷点头。

我说："是因为一些人在爱情的小船上加上了责任、誓言、担当这些东西，爱情就可以焕发出新的活力，这才是更广义的爱。大家知道林徽因和梁思成、徐志摩的爱情故事吗？梁思成、徐志摩的家境相当，徐志摩的浪漫曾经打动过林徽因的心，但林徽因最后选择了梁思成，根本原因就在于两人有共同的爱好——建筑学。要让爱情的小船增强抵御风浪的能力，就要加深它的吃水线，也就是让两人有共同的事业追求。这样你们才能齐心协力驾驭小船，选择航线避开风浪。"孩子们边听边点头。

我继续说："当爱建立在人生追求上，这样的追求会让彼此进步并仰慕对方，爱情就会牢不可破。所以爱一个人不仅是爱她美丽的外表，更要爱她的内在品质、事业追求、人生境界！那么问题来了，如果有人约你现在就和他一起去驾驶爱情的小船，你会怎么选择？"

孩子们果断地回答："拒绝！"

我赞许地点点头说："拒绝，很好。但不是粗暴地拒绝，而是尊重地明确地拒绝。当我们还没有能力为自己一生的爱作出正确的判断和负责的承诺时，最重要的不是去爱，而是去成长，如果因为爱而错过了人生应有的高度，那是对爱的亵渎！舒婷有一首诗——《致橡树》，让我们来读读其中几句。"说着我出示课件：

> 我必须是你近旁的一株木棉，作为树的形象和你站在一起。根，紧握在地下；叶，相触在云里。……我们分担寒潮、风雷、霹雳；我们共享雾霭、流岚、虹霓，仿佛永远分离，却又终身相依，这才是伟大的爱情，坚贞就在这里：不仅爱你伟岸的身躯，也爱你坚持的位置，脚下的土地。

孩子们认真地读着诗句，铿锵有力，似乎对爱情的真谛又多了一些理解。

备注： 这节课用时 10 多分钟，课后，我让孩子们写下了对这节课的反思评价。在反思评价中，我读到了孩子们对于爱情课的渴望，由这堂课生发出来对于现在学习生活的定位和对于理想爱情对象的想象。

现在摘录一些，以供老师们进一步研究。

对于十六、十七岁的少男少女来说，爱情是甜蜜美好的，但是大多数人并不知道爱情意味着什么，很多早恋的孩子仅仅是觉得彼此在一起很舒服，仅此而已，所以爱情课的开设可以让我们知道何为爱情，爱情需要什么，爱情意味着什么。

听了王老师的课，明白了一个道理，想要一份不会翻船的爱情，就必须打下一个坚实的基础，这也是我们在学校奋斗的原因，我们现在的任务就是打基础，而不是直接开船。

这节课让我知道了爱情并非单纯的异性相吸，也不是简单的海誓山盟，爱情是一种责任，一种互相信任、互相包容的情感……容貌总会改变，皮肤总要松弛，可是对生活的趣味，却如同一技傍身。粗茶淡饭不要紧，朋友散场没关系，兵荒马乱无所谓，和志趣相投的人在一起，一盏红烛，一杯烧酒，可饮风露，可温喉。

（四川省德阳市第五中学　王　星）

53. 每天多努力一点点

几次考试下来，学生的成绩变化很大，有的扶摇直上，有的"一泻千里"，有些退步的学生还满不在乎。我想利用班会课提醒学生好成绩来自每天的点点努力。

班会课上我直接说起成绩："这次考试侯亚新进步最大，我们来分析一下她为何进步如此神速。"

范霖举手说："她每天学习最用功，起得早，睡得晚。"

我点头同意："是啊，她每天都坚持比别人多努力一点儿。张华，你知道侯亚新每天几点到教室吗？"

张华挠着头尴尬地说："不知道，我早上来时大家几乎到齐了。"

我示意他坐下，说："无意识的懈怠会让你不断退步，请你明天亲自调查一下她是几点来教室的。"然后我转身在黑板上写下算式：$1.01^{365} \approx$ _____，$0.99^{365} \approx$ _____。并请张华用计算器计算结果。张华很快把答案算了出来写在黑板上：$1.01^{365} \approx 37.8$，$0.99^{365} \approx 0.03$。

我接着问面带疑惑的同学们："谁能解释一下这两个式子？"

张裕说："365 是一年的意思，每天多努力一点，就能进步很多；每天少做一点，就会退步成倒数。"

我称赞道："就是这个意思，每天进步一点点，穷丑一年变富帅；每天退步一点点，富美一年变矮矬。"同学们都哈哈大笑。

我接着问："如果再多努力一点点呢？"并在黑板上写下算式：$1.02^{365} \approx$ _____，$0.98^{365} \approx$ _____。

不一会儿就听到学生的惊呼，结果震撼到了他们：$1.02^{365} \approx 1377.4$，$0.98^{365} \approx 0.0006$。

"这算式又代表什么呢？"我趁机提问。

跃奇说："只比你努力一点的人，其实已经甩你很远。"

段开婕说："一点点的努力都是在做量的积累，必然会引起质变。"

葛梦杰说："这就是努力与不努力的差距吧。"

我笑着分析道："这次成绩也说明每天多努力一点点，则不断进步，懒散懈怠则不断退步。如果365天太长，那么看下面的算式。"我把算式写在黑板上：$1.1^{10} \approx \underline{\qquad}$，$0.99^{10} \approx \underline{\qquad}$。

答案是：$1.1^{10} \approx 2.85$，$0.99^{10} \approx 0.31$。我直接解读："与时间长短无关，这就是努力与懈怠截然不同的命运！"

数据不会骗人。我在黑板上又写了一个算式：$1.01^{3} \times 0.99^{2} \approx \underline{\qquad}$。

我说："大家不要着急计算，先说说这个式子是什么意思。"

有了前面的铺垫，同学们很快发现了算式的意思是"三天打鱼，两天晒网"。有的学生则已经计算出了结果：$1.01^{3} \times 0.99^{2} \approx 1.0098$。

我继续提问："对于这样的结果，大家如何解释呢？"

王泽昊说："三天打鱼，两天晒网，不坚持，不进则退。"

我称赞道："真聪明！每天多做一点点不难，难的是持之以恒。再给大家分享一则小故事。"说着我出示课件：

　　一只新的小钟放在两只老钟当中。两只老钟"嘀嗒、嘀嗒"，一分一秒地走着。其中一只老钟对小钟说："来吧，你也该工作了，可是我有点担心，你走完三千二百万次以后，恐怕便吃不消了。"

　　"天哪！三千二百万次。"小钟吃惊不已，"要我做这么大的事？办不到，办不到。"

　　另一只老钟说："别听他胡说八道，不用害怕，你只要每秒嘀嗒一声、摆动一下就行了。"

　　"天下哪有这样简单的事情。"小钟将信将疑，"如果这样，我就试试吧。"

　　小钟很轻松地每秒钟嘀嗒一声、摆动一下，不知不觉中，一年过去了，它摆了三千二百万次。

我问同学们这个故事带给大家什么启发。

　　贺冰洁说："看起来很难的事情，只需要一点点的努力和积累就能完成。现在我们提高成绩看起来很难，其实只要肯努力，坚持从一点一滴做起，就一定能达到目标。"

　　我表扬道："说得太好了，就是这个意思。每天多努力一点点就可以达到意想不到的成就。我们如何多努力一点点呢？大家可以讨论一下。"

　　同学们兴奋地讨论起来。我作了总结："在我们学习中，0.01 到底是什么呢？它是我们到教室的时间再提前一分钟，是遇到问题时再多一次尝试，是解题时的过程再规范一些，是遇到困难时再多一分坚持。每天多努力一点点，积少成多，就会带来巨大的飞跃；每天退步一点点，习以为常，就会与人相差甚远。所以，学习成功并不是很复杂的事情，只需要我们每天多做'0.01'。"

　　"课后每人找准突破点，坚持每天多努力一点点。"最后我留下任务。

（河南省济源第一中学　刘　强）

54. 段慧的演讲

9月开学后，我便在我班发起"我是演说家"系列微班会活动。每周有同学轮流上台分享一段成长故事。我想借这个活动锻炼学生的语言组织能力，让学生从"不敢说"到"敢说"到"会说"再到"说得有意义"。其中段慧的演讲给大家留下了深刻的印象。

段慧是一名祁县女孩，祁县素有"中国玻璃器皿之都"的美称，有许多玻璃厂，当地人大多在这里工作。上学期段慧成绩不佳，萌生了退学念头。她趁着暑假到玻璃厂打工，想看看自己能否养活自己。工作是包装盘子，那些装饰盘很精美，但又大又重。从擦洗到封箱六道工序，全部都得靠自己干。每天下班回家，特别累。不过段慧想证明自己，也想通过这段时间想清楚要不要上学，便一直坚持着。

段慧讲到这里的时候，我便带头鼓掌，同学们也跟着鼓起掌来，大家因这柔弱的女孩拥有强大的坚持力量而感动。

受到大家的鼓励，段慧继续说："两个月的时间都是七点上班，中午十二点回家，下午两点上班，到晚上六点。一天必须包装50箱，共1800个盘子，才能赚60元。有时候还会加班，加一小时班七块五。"

"整个暑假我打包最多的就是这一款孔雀羽毛花纹的盘子，它有金色、银色、蓝色、黑色，非常精致漂亮，也因此被选用于G20峰会。当我得知这些精美的花纹都是由厂里那位年轻的设计师设计的之后，我非常嫉妒，她的工资整整比我多了3倍。于是我也学的设计，并暗下决心，一定要上学，学好专业，靠本事吃饭！"

整个教室响起更热烈的掌声，我意识到这是一个很好的教育契机，于是趁热打铁道："我们平遥经典的旅游纪念品也有类似的设计师，大家知道是干什么的吗？"

"画首饰盒的！"学生们大声回答，因为平遥推光漆首饰盒是本县典型的手工业，很多学生的家人都在推光漆厂上班，对这一行很了解。

"为什么他们赚的比其他工人多呢？"我继续追问。

"因为他们会画工笔画，会设计图案、颜色……"

"靠专业能力赚钱要相对容易得多，是不是？"我问道。

"是。"学生们回答道。

"那大家想想，实习的时候，广告公司的设计师与工人，你更想成为哪一位？"

姚铁成同学立刻回答道："当时是设计师了，在办公室里吹着空调做设计图，听着音乐，品着茶，多舒服呀！"

"光是舒服吗？还有其他的吗？"

"还很有价值，设计师是最重要的，设计师画不出图纸，后面的程序就无法进行。"学霸王茹欣同学说道。

我又问道："其他类似的行业，是否也是这样呢？"

班长说："是的，我爸是建筑工人，非常辛苦。我爸常常羡慕楼房设计师，设计师利用脑子赚钱，而我爸却只能用苦力赚钱。"

班长的真情诉说，打开了学生们的话匣子。

"我表姐在南京工作，学的园林设计，专门给大型楼盘设计园林，月薪上万呢！"学生们向赵琼同学投去羡慕的目光。

张翰韵说道："我舅舅在太原搞装修呢，他跟着设计师干活，设计师拿出方案后，舅舅去施工，非常辛苦，赚的却比设计师少很多。舅舅常说：谁让自己没文化呢！"

……

在学生们热烈讨论之时，我打开了赶集网，搜出平面设计师的招聘广告说道："大家都希望成为设计师，那我们来对照岗位要求，看看我们已具备哪些能力，对于那些未达要求的方面，我们要努力弥补。在学习中不能因为一点坎坷就退缩，珍惜当下，扎实地学好专业技术，提高自己的设计能力。希望大家都能拥有自己想要的生活，成为自己想要成为的人。"

借段慧的演讲，不仅锻炼了学生的口头表达能力，还借题发挥，顺势扫除了班内学生潜在的退学念头，真是一举多得啊。

（山西省平遥现代工程技术学校　张钰彦）

55. 杯子 · 回形针 · 订书针

月考结束了，"几家欢喜几家忧"。和学生谈话的时候，很多学生都觉得自己尽力了，但是没有效果。

真的尽力了吗？

我想起电视里曾经看过的一个实验。我觉得我有必要来充当一次科学老师了。

班会课上，我拿着一个透明的玻璃杯子、一盒回形针和一盒订书针来到了教室。

我将杯子放在讲桌上，非常郑重地说道："同学们，我改行了，从今天起，我给你们上科学课。"

学生们彼此对视，眼神里充满着疑惑，多半在想：这个老杨，葫芦里卖的什么药？

我清了清嗓子，说道："我想请一个孔武有力的同学帮我接一满杯水过来，水要满，而且不要溢出来。"

刘志鹏自告奋勇，拿过杯子，去饮水机处接了一杯水，小心翼翼地放到了讲台上。

我笑着说道："同学们，请看这杯水，认真地深情地看着这杯水，你们说这个杯子装满了吗？"

很多学生不知我葫芦里卖的什么药，没有吱声。也有学生小声地回答"装满了"。

我问一个没有回答的同学："为什么不敢回答？你觉得装满了吗？"

他沉默了两秒，然后说道："我觉得装满了，但是……"

我知道他们的想法，怕这是一个陷阱。

我拿起那盒回形针，说："假如我把这一盒回形针放进去，你们觉得水会溢出来吗？"

学生们几乎都不敢回答。如果回答"不会"，这么大一坨放进去，能不溢出来吗？回答"会"吧，老师这么正式地问，肯定有问题。

我笑了。

"那我们来试试看，请大家看好了！"我一边说一边将回形针一根一根地放进玻璃杯，学生们目不转睛地盯着，每放进一根，他们似乎就得激动一下。

我放了几根之后，又让学生上讲台来操作，学生们都很积极。

就这样，100根回形针就被我们放了进去，玻璃杯中的水，没有溢出来。

大家有些吃惊。

我又拿出订书针，说道："我们再来放几块订书针到里面去，看看会怎么样！"

说完，我又轻轻地放了几块订书针进去。

只见水杯里面的水已经高出玻璃杯，但是水依然没有溢出来，整个杯子里面的回形针和订书针占了杯子的三分之二。

我停了下来。很认真地说道："同学们，这个实验，我无法用非常专业的术语给你们解释，你们可以去请教物理老师。而我做这个实验干什么呢？前几天，有同学跟我讲，他学习已经尽力了，我也相信，但是，这个实验却分明在告诉我们——当我们以为玻璃杯已经装满时，其实，还是可以再装的，而且还可以装不少。人亦如此，我们的潜力是无限的！"

我叫来一个同学，让他去把杯子里的水倒掉，然后把回形针装进盒子里。

接着，我又叫先前端水的刘志鹏，再端来一杯水，放在讲台上。

杯子·回形针·订书针 ‖

我再次拿起那盒回形针，说："现在请大家告诉我，假如我把这一盒回形针放进去，你们觉得水会溢出来吗？"

学生们异口同声地回答："不会！"

话音一落，我就把一盒回形针放进了玻璃杯，水溢了出来。

学生们惊呆了。

我笑道："我们的学习潜力是无限的，但是，一口也吃不了一个大胖子！"

学生们沉默了。瞬间，又爆发出了热烈的掌声。

（重庆市中山外国语学校　杨　武）

56. 压力气球

进入高三，学生各种心理问题层出不穷，而压力过大，算突出的一个。期中考试前一周，不断有同学表现出焦躁不安、自我怀疑等，甚至有家长打电话来求助，说孩子压力大，崩溃，大哭，希望我能想办法安抚孩子的情绪。

对有经验的班主任而言，孩子们的这些情绪波动都是高三综合征早期症状的正常表现，但对孩子们而言，他们没有经历过高三，一丁点儿的小事就容易被无限放大，从而对高三产生畏惧和恐慌心理。期中考试在即，如何缓解他们的心理压力，成了当务之急。

家长打来电话的当晚，恰逢家人在陪孩子吹气球玩，我脑海里突然灵光一闪，何不用吹气球的方式帮他们减压？

于是我买了一包气球，走进教室，告诉他们当天的班会活动是玩游戏——吹气球，除了极个别害怕气球的孩子，其他的都表现出孩童般的兴奋和期待。

在每个孩子都拿到气球之后，我宣布了游戏规则：每个同学在吹气球之前，先静下心来把自己最近的思绪理一理，有一件让你觉得有压力的事儿，你就往里吹一口气；这件事带给你的压力大，就吹猛一点，压力小，就吹轻一点；如果没有什么压力，可以不吹。

我们班大明星陈慧琳同学马上接话说："那不得吹爆了啊？"大家哄堂大笑，我也笑着说："那我们就来试试能不能把它吹爆吧。"

沉默了一分钟后，教室里的气球一个个地大了起来，孩子们都极其认真地吹着气球。

"吹好了的同学可以把气球举高一点，让我体验一下 superstar 的感觉。"我开玩笑地说。

当孩子们都高高地举起了气球，笑声又蔓延开来了，因为他们都在比较谁的气球大，谁的气球小。

这时候我让孩子们起来说说感受，丁昱心说："心里感觉轻松了不少。"董阳说："我以为我的气球会爆掉，结果它比想象中的还小。"

然后我又问："有同学觉得自己是小组里或者班级里压力最大的一个吗？请举手！"

三五只小手举了起来，我于是问平时心态就不太好的杨思嘉："你看看你认为学习最轻松的同学的气球，再比较一下你的气球，说说你的感想。"她转来转去看了看，说："差不多，他的稍微小一点，但是也没有想象中那么小，看来每个同学都有压力，也不是表面上表现出来的那么无所谓。""那你还认为自己是压力最大的那个吗？"她摇摇头。我说："其实很多时候，压力都是我们自己给自己的，而且无形中还把它放大了，期中考试即将来临，大家就开始焦虑会不会考不好，考砸了怎么办，我们还没有上战场，就先把自己吓个半死，又怎么能打胜仗？"大家都会心地笑了。

"大家目前的压力已经被装在气球里了，接下来如何处理你们的压力呢？"我问道。

"踩爆它！"有学生立马回答，我笑着说："可以，不过要找一个安全的地方，不要伤到自己，也不要吓到同学。想怎么处理你们装满压力的气球，是你们的权利，也是你们的智慧！"

于是我悄悄观察，有把气球慢慢放瘪的，有在气球上画画写字的，也有把气球挤爆的……

通过班会课这短暂的活动，孩子们的心情明显轻松了不少。

下晚自习的时候，有的孩子拿着自己的气球，一路挥舞，一路欢笑，引得其他班的同学纷纷扭头注目。

（重庆外国语学校　马怀琼）

57. 一块海绵

　　学生们早上出勤的时间是 7:10，作为班主任的我定会在 7:10 之前出现在教室门口。我每天到班级后的第一件事就是环视教室，数数人数，注视着学生们忙碌却有序地值日，上交或发放作业，感受这美好却又充实的一天的开始！

　　在每天的目光"审阅"中，会发现有个别同学总在浪费这早自习前宝贵的时光，进了教室后不能快速地进入自习状态：要么出去接个水，要么出去洗个手，要么交完一样作业后又想起交另一样作业等。在小课间、课间操时间或是午休前的时间里，也总会发现这样的不和谐音符。还有个别同学把时间基本全浪费在大声的谈笑中，上课的预备铃响了，却想起要去上厕所，或是去打水喝，不像其他同学那样作好了课前准备。针对这种不良习惯与行为，我苦口婆心地说过他们多次，但总感觉他们似乎是"态度很好，但坚决不改"，为此我甚是苦恼，总想着怎样才能在思想上使他们真正有所触动，认识到时间的宝贵，改掉不良的习惯。

　　每天上课前我都会习惯性地收拾一下讲桌上的粉笔、学案等物品，当手碰到那块静静地躺在讲桌一角的海绵时，我的眼前一亮，有了。

　　班会课上，我说："同学们，我们来做一个小游戏，放松一下吧。"

　　同学们一听到我这位平常不苟言笑的班主任今天竟然要带他们做游戏，全都用好奇的眼神看着我。我"特邀"了在时间观念上还需加强的两位同学站到讲台上。

　　"下面的游戏我们将有请我们班的两大帅哥和我一起完成。"我说，

"小 A 同学，请你把这块海绵慢慢地完全浸泡到板擦盒里，然后把这块泡满了水的海绵尽量一滴水不落地平端着递给身边的小 B 同学。"同学们对我的要求还是丈二的和尚摸不着头脑，都静心屏气地看着我们。

"小 B 同学，请你轻轻地捏一下海绵，看看有多少水流出来。"小 B 同学按照我说的做了，板擦盒里的水花跳了起来。

接着我转向小 A："小 A 同学，请你用一只手使劲攥一把海绵，看看这次又有多少水流出来。"小 A 虽然眼睛里也流露出询问与怀疑的眼神，但也照办了，板擦盒里又溅出了更多的水花。

然后我对他们两人说："请两位同学合作一下，拧一下海绵，看看这样还有多少水流出来。"两人很默契很认真地用双手拧起了海绵，水滴连成珠子落入板擦盒。

我打趣问道："同学们，你们看小 A 和小 B 两位同学都使出了吃奶的劲儿来了，你们说海绵里还有水吗？"听我这样一说，班里响起了哈哈的笑声，有同学说："老师，里面当然还有水啊，它是海绵呀！"

我看时机已到，便说："同学们，我们今天的游戏做完了，而这块我们平常并不关注的海绵却还要每天默默地为我们服务。其实，我们每个人都像这块刚刚泡满了水的海绵，满满的水，就是我们生命中每天被赋予的 24 个小时，无论高矮胖瘦，美丑黑白，我们每个人的时间都是一样的，不差一秒，不多一分。我们每天的学习工作或生活其实都是在不断地捏海绵、攥海绵、掐海绵、拧海绵和挤海绵中度过的。时间，你不挤它，它也照旧在不断地流逝；你要挤它，总会挤出来，对吗？而我们每个人其实更应该学习海绵，无论你怎样捏它、挤它，它还是会恢复原形，我们在学习中遇到困难，不也应该学习海绵的精神吗？相信通过今天的小游戏，小 A 和小 B 的感受肯定是最深的，也谢谢你们的合作！"

小 A 和小 B 同学都不好意思地低下了头，整个班级的同学也都安安静静的，只是青春的脸上似乎都显现出一副若有所思的样子。

（山东省青岛第十六中学　李慧英）

58. 重温颁奖词

身处高三，面对高考，分秒必争，只为全力提高分数。而面对班级常规，有些同学开始懈怠了。一次模考后，教室里杂乱的桌椅和满地的纸屑，将这种懈怠展现得"淋漓尽致"，这个场景被我用手机拍了下来。

对于高三学生，成绩固然重要，但我认为，成长比成绩更重要，所以作好引导势在必行。我想到了"重温颁奖词"的办法。从上学期班上评选出的十个"班级之星"中，精选出四个人的颁奖词，作为素材，提醒同学们重拾班级常规。

微班会课的铃声响起，我走进教室，皱眉看看地面。有人小声说："好像是五组忘记扫地了……"也有人说："模考时咱班是理科的考场，咱班值日生没人，老师要发飙吧！"我听了没吭声，而是放起做好的课件。

第一张，美术之星刘泽西。

照片刚一出现，宋森哲就喊道："泽哥，好青涩呀！"我说："你读他的颁奖词吧！"宋森哲清清嗓子念道："班级文化墙的布置中，浸透着他的辛劳；班级黑板报的更新中，融入了他的精力。习一笔书法，从篆书到隶书；刻一方印章，从横折，到点撇……"

此时同学们的目光不约而同地向班级文化墙看去。我说："赏心悦目的文化墙，就是他为班级作的贡献。"此刻，教室里掌声雷动，刘泽西脸上也笑开了花。

第二张，体育之星崔源。

他的好朋友潘浩翔念道："手握篮球，腾跃而上，健步如飞，迅速扣篮……大型活动集会时，他认真整队；做广播操时，耐心督促……"

潘浩翔念完，我问他什么感觉。潘浩翔说，善良、温和、责任心强是崔源给他的印象。

听完这段话，崔源不好意思地低下了头。我说："班级常规活动中，崔源尽职尽责。希望他为自己的大学'赛事'，也能扣一个绝妙的篮。"

第三张，爱心之星耿艺珊。

照片一亮，同学们喊道："好漂亮呀！"

我说："耿艺珊恬静的笑容配上绿植的背景，的确漂亮，因为劳动最美！"

我看到赵宗瑶高高举起的手，就说："你来读吧！这就是你给好朋友写的颁奖词！今天你读或许别有意义。"

"宽敞明亮的教室里，总会有那一抹清新的绿色出现在每一个同学的眼中。一块抹布，一个喷壶，就是她打理班上这几盆绿植的工具，绿植在她眼里就是值日生的责任，……做好简单的事，就是不简单……"

赵宗瑶的话音刚落，同学们唏嘘声一片。

我说："记得住给绿植浇一学期的水可不容易呀！如果是你，坚持得住吗？"

同学们低下头不吭声。

我接着说："'九层之台，起于垒土'，说的就是做好点滴之事的道理。"

我看着大家略有所思的神态，又播放了第四张劳动之星宋祚良的介绍。我让他同宿舍的赵帅杰同学站起来念颁奖词："干干净净的教室，是劳动委员最愿意看到的样子，每天都会督促值日生打扫卫生……班上饮水机里满满的水，是他的劳动和付出，为同学们服务，他做到了最好……"这是班委会写给他的颁奖词。

我问宋祚良："此刻感受如何？"他说："那时刚当劳动委员，想得到同学们的肯定，所以尽心了。"我说："那时班上连续几周挂着卫生流动红旗，你当劳动委员做得很不错。"听了我的话，宋祚良挠着头憨憨一笑。

此时，我话锋一转："同学们，重温这些颁奖词，是要你们记住，曾经的我们，做那些细小的事情，也专注认真过。班级文化墙上的图钉掉了，我看见过胡煜佳捡起来重新订上；班级的桌椅摆放，我看见过李想随手挪好；等等。可是现在……”

我停止了说话，把那张定格教室场景的照片给同学们展现出来，全班一片哗然。

我想该亮明用意了，于是说道：“维持干净整洁的环境，需要人人尽职尽责！用‘懈怠’常规的方式，让成长暂停，给成绩开绿灯，求得暂时‘破坏纪律’带来的轻松，实在不妥。拾起丢失的常规吧！今后该怎样做，同学们一定明白了……”

大家频频点头。

“我相信：遵守常规，才是进步最好的推动力。高三这一年里，我们之间浅浅的师生之缘，就包含在我送给大家的话里了：业之将毕，其行也善。”

（陕西省西安交大阳光中学　刘　艳）

59. 品尝褚橙

　　三次联考，我班成绩皆不如意，学生情绪低迷。第一次失利，我安慰了一番；第二次失利，我鼓动了一回；第三次失利，我一时无"计"可施。

　　一日，到网上购书，《褚时健：影响企业家的企业家》一书让我眼前一亮。读吴晓波的《大败局》时曾深深为这个人物跌宕起伏的人生所吸引，后来在网上看到他出狱后承包荒山种橙的消息，特别感动。我迅速下单，用三天时间读完了这本书，再次被他的故事震撼了。一个想法在我头脑中生成，何不借褚时健的精神来激励我的学生？

　　先到网上买了"褚橙"和褚时健的传记，班会时，我搬着箱子来到班级。学生好奇地看着我，不知我葫芦里卖的是什么药。

　　我说："同学们，今天班会，我们一起品尝橙子，每人一个，不许多吃多占。"

　　学生立即兴奋起来，七手八脚，很快帮我分发到每位同学的手中。

　　我说："大家先别急着吃，请观察一下外包装。"

　　很快有几个学生喊了出来："人生总有起落，精神终可传承！"

　　我接着说："这不是一颗普通的橙子，它是来自云南哀牢山上的冰糖橙，橙色鲜亮，个头饱满，皮薄肉细，汁多味美，纯天然维生素 C。"有人露出了馋相。

　　"它还是一颗励志橙，它的名字叫'褚橙'。橙——成功，褚——储蓄力量，以待成功。"我又说："'褚橙'有一个令人唏嘘不已的传奇故事。红塔山香烟听说过吧？"

有同学点点头，还有同学说自己的爸爸就吸这个牌子的烟。

"红塔山香烟的背后，有一位了不起的人物——褚时健。褚时健是中国第一代企业家中的佼佼者，也是中国最具争议的财经人物之一。他从1979年任云南玉溪卷烟厂厂长，用17年的时间将默默无闻的烟厂打造成亚洲排名第一、世界排名第五的大型企业，红塔山牌香烟享誉全国。但他71岁时因经济问题入狱，女儿在狱中自杀。"

有人发出了叹息声。我继续讲："2001年，73岁的他获得减刑，保外就医，与妻子承包荒山种橙。历尽千辛万苦，将橙子命名为'褚橙'。十几年后，褚橙年产1000万吨，利润上亿，被称为'云南最好吃的橙子''中国最励志的橙子'，并风靡全国。"

随着我深沉的讲述，同学们纷纷张大了嘴巴，十分惊讶。

我提高语调说："86岁的褚时健从'烟王'变身'橙王'，实现触底反弹，开始攀登他人生的又一高峰。他的故事和精神，深深影响了中国企业界和无数要为明天而奋斗的年轻人。褚时健说：'我的一生经历过几次大起大落，我不谈什么后悔、无悔，也没有必要向谁去证明自己生命的价值。人要对自己负责任，只要自己不想趴下，别人是无法让你趴下的。'"

我接着说："再看看世人对他的评价。那个言辞犀利的韩寒说：'我欣赏所有跌倒后能爬起来的人。'企业界的思想家冯仑说：'一个人跌倒再爬起来并不难，难的是从至高处落到最低谷，还能走得更远。褚时健因橙子，使自己成为一个不朽的励志英雄和不倒的商业传奇。'柳传志、王石等商界大佬纷纷前去哀牢山上拜访褚老。"

是学生发言的时候了。大家纷纷表示，本来还因自己的失败而难以自拔，和褚老比起来，我们的失败不值一提。

我总结道："经历就是财富，战胜挫折，就能战胜高考，人生就会留下一段难忘的拼搏记忆，高考就是最好的成人礼！如果我们不为自己留下一些让自己热泪盈眶的日子，我们的生命就是灰暗的。"

掌声热烈地响起，回荡在温暖的教室里。我说："咱们一起吃橙子吧。"学生小心翼翼地打开包装，鲜亮的橙子似乎照亮了每一张激动的脸。

大家品尝时，我又说："今天还要送给大家一个礼物，就是褚老的传记——《褚时健：影响企业家的企业家》。'人生总有起落，精神终可传承！'希望这本书能陪伴大家度过高三后期的日子，照亮你们的前程。"

掌声再次响起，持久而有力。

（河南省济源市第一中学　秦　望）

60. 再一次

　　2014 年 1 月，寒冷的冬日，比这更加冷的是孩子们的心。频繁的考试，一次次失利的成绩让备战高考的孩子们开始怀疑自己，变得怯懦、彷徨。他们觉得自己努力了，但好像没有什么效果……

　　这时，央视的一个公益短片《再一次为平凡人喝彩》进入了我的视野。第一次看时，我就流泪了，在汹涌起伏的心潮中，我想：如果给孩子们看，会怎样？

　　在班会课上，给孩子们播放了一遍，2 分 34 秒的时间很快过去了，他们还没来得及好好地感受就结束了。但是视觉的冲击已经调动了他们的所有感官，32 双眼睛齐齐地看向屏幕，几十秒静默无声。

　　应同学们的要求我再次播放了一遍，有了上一次的铺垫，这一次孩子们很快进入了状态。

　　背景音乐悠然响起，旁白渐入："生活没有彩排，人生也没有彩排。总会有些时候，满心期待换来的是失望或者是不体谅。环顾四周，似乎只有你自己在徘徊……你甚至一度认为，没有人比你更加的不如意了。渐渐地，你会开始不自信、不勇敢、不愿向前……"

　　沉缓的声音一字一字地敲着孩子们的心，就像是在描述他们目前的状态，他们就如短片中那些身心疲倦、屡受现实打击嘲弄的人，孩子们有的用手托着腮，有的用手拽着桌角，有的用双手紧紧环抱着自己……可以看到他们在屏住呼吸，目不转睛，生怕错过了一个细微的瞬间，我知道他们被深深地感动了。

紧接着背景音乐声渐强，"每当这个时候，你都能在心中听到一个声音……再来一次，当生活的哨声响起；再一次，选择责任与担当；再一次，为成长积蓄力量；再一次，只为追逐的梦想更近些……这一刻，每个平凡人，旧的自我离开，新的自我诞生……"

短片中前半段备受挫折的人们鼓足勇气，最终获得胜利。而此时的孩子们攥紧了拳头，有的孩子用手捂着嘴，有的眼眶泛红，有的眼里闪着泪光……他们只有真正被触动才会让自己充满向前的力量。

这时音乐更高亢，短片进入高潮，"这个世界永远欣赏每一个敢于再来一次的人！"

掌声骤然响起来，孩子们擦干眼泪，深深地呼吸，那一刻我看到了他们眼中的坚定和力量。

播放了两遍的短片给孩子们很大的触动，短片结束后我分享了自己的感悟："每一个人的每一天都是崭新的，面对的问题是未知的，我们总会徘徊无助，希望有人能告诉我们前方是什么，可这也恰是生命的神秘。现在的我们要回头看看自己是否忘记了当初的梦想，如果没忘，现在要做的，就是再一次抬起头，再一次迈开脚，一点一点向前，晨曦初露，举火而行，我们要永远相信心向往之，行将必至！"

孩子们听完又情不自禁地鼓掌。从他们眼中我看到了重拾的信心，我相信他们会把这些感动化成力量来应对现在所遇到的困境。"有志人，天不负"，最终他们在2014年的高考中取得了非常优异的成绩。

转眼三年过去了，我带的新一届学生又到了高三，相似的事件好像重播。一模成绩公布了，一直在全市领跑的班级突然出现了从未有过的滑坡，一向自信的他们甚至都怀疑自己是否可以考上大学。我知道他们不是被成绩打垮了，而是被自己的信心击败了。这一群孩子一直在全市领先，没有经历过失败，更不知道失败的滋味是什么。虽然高三初期非常努力，但有所骄傲，觉得只有他们才配得起领跑，突然别人跑在自己前面了，一时无法适应。

这一次我又想起了三年前的那个短片，只不过播放的时机选在了家长会上。播放之前我请两位曾经获得全市统考第一名的学生发言，总结了高三以来的感受。她们都是曾经的佼佼者，高三以来经历了很多心理上的自我抗争，当不再自我膨胀，脚踏实地地努力时，发现好像很难再回巅峰，她们怀疑努力的意义，也怀疑奋斗的价值。她们说出了孩子们共同的心声。发言结束后很多孩子都默默地流泪，家长们也沉默了。

我说："孩子们，我们经历了很多，有期待，有付出，有努力，可是没有看到你们想要的结果，那么你们想放弃吗？"他们连连摇头。

"那我们该怎么办？"

"继续啊！""向前啊！""可是我们没有动力，我们害怕结果……"孩子们七嘴八舌地说着。

"是啊，我们最怕的是付出没有回报，我们怕再次面对失败。好，我们来看看这个短片。"

我再一次播放了这个视频。家长和孩子们一起看，会后许多家长纷纷在微信上留言，表示深有感触。

要再一次给自己一个机会！孩子们纷纷给 2017 年 6 月 23 日的自己写了一封信，写给那个无论结果如何都不后悔的自己。我想他们一定会明白，一件事，不去做永远不会成功，做了就该不计成败！

同样的小视频，相似的经历但是有不同的意义。三年前那群孩子收获的是擦干眼泪、再来一次的勇气。三年后，这群孩子得到的是不问结果、不计胜败的努力。于我而言，任时光流逝，任岁月沉淀，该有的是一直向前的信念！

（四川省德阳中学　张媛媛）

再一次

177